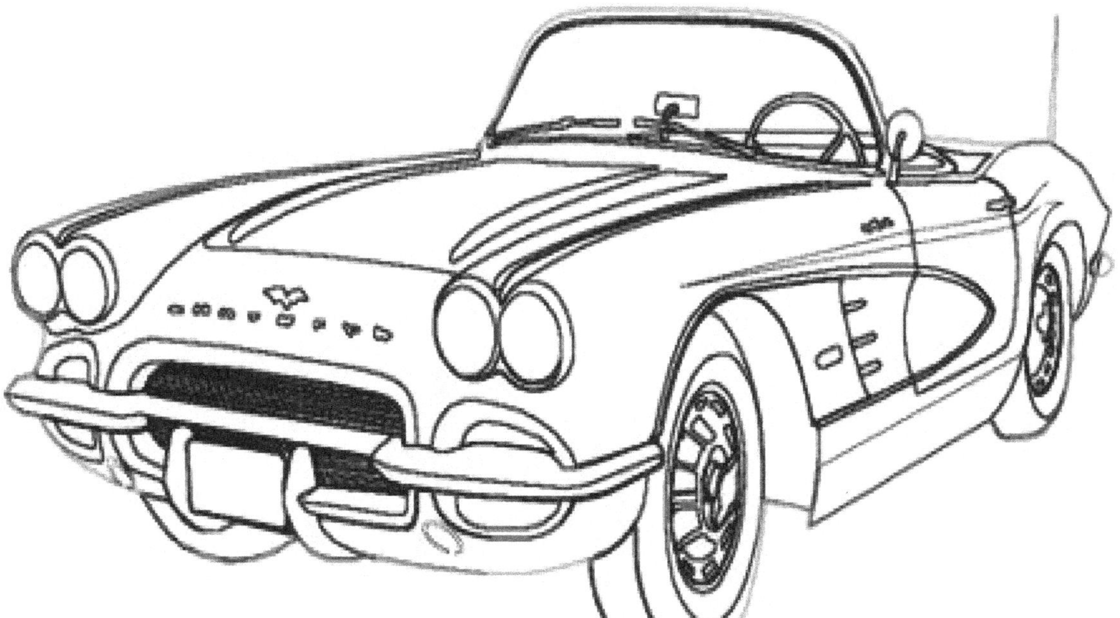

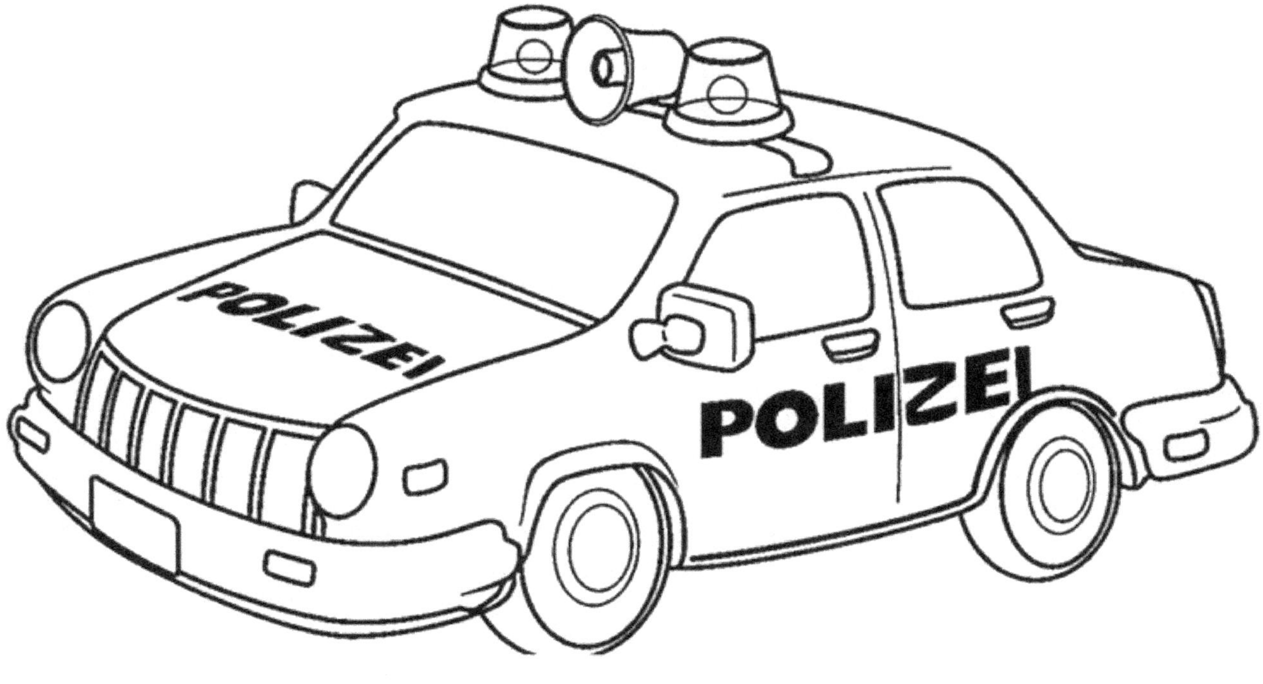
POLIZEI
POLIZEI

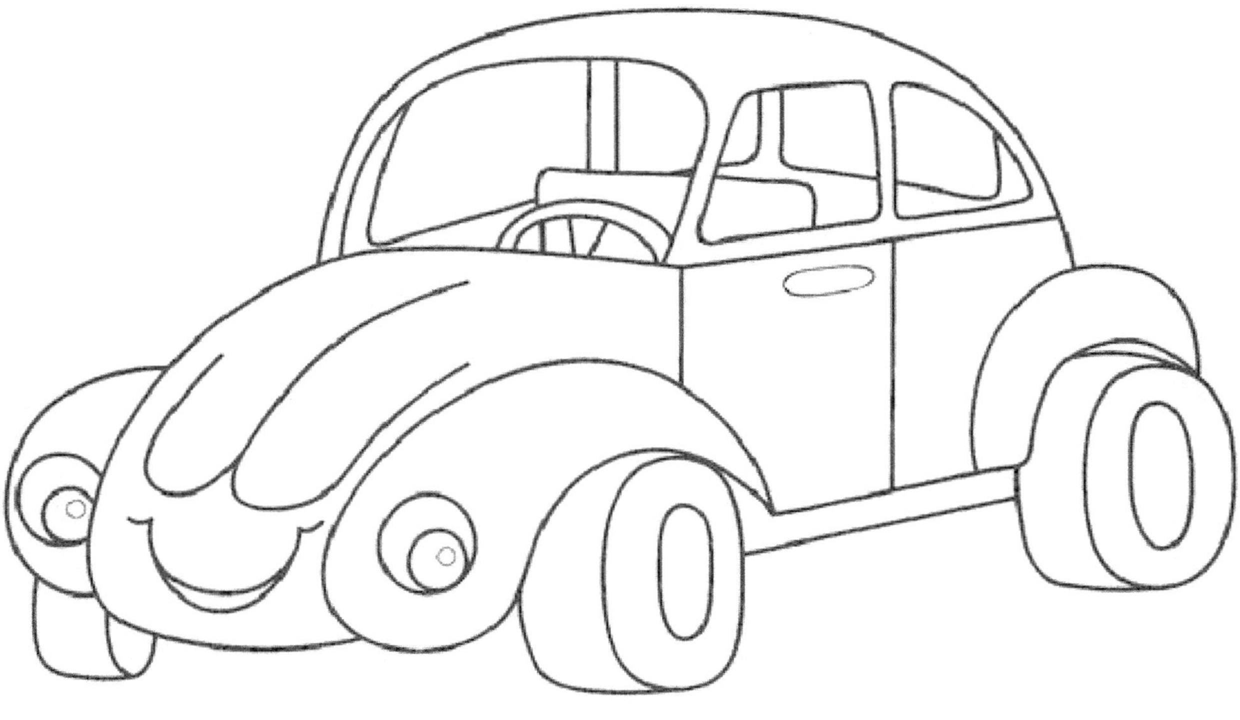

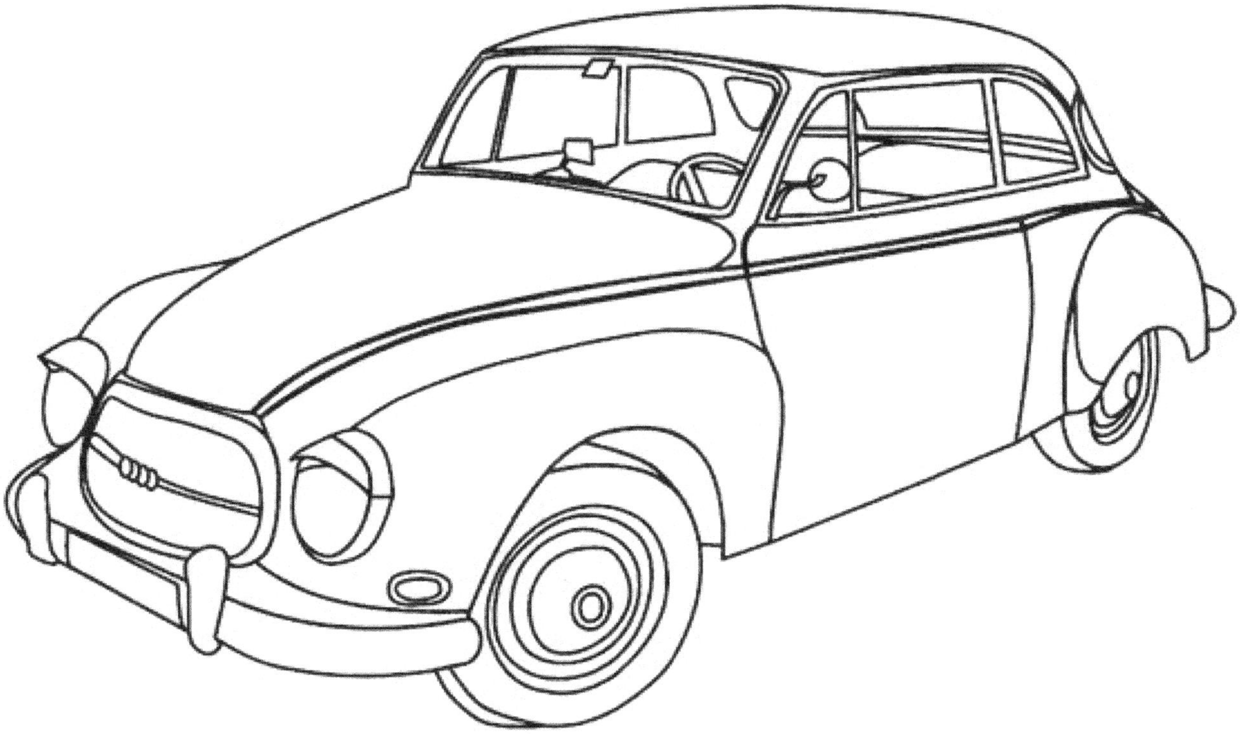

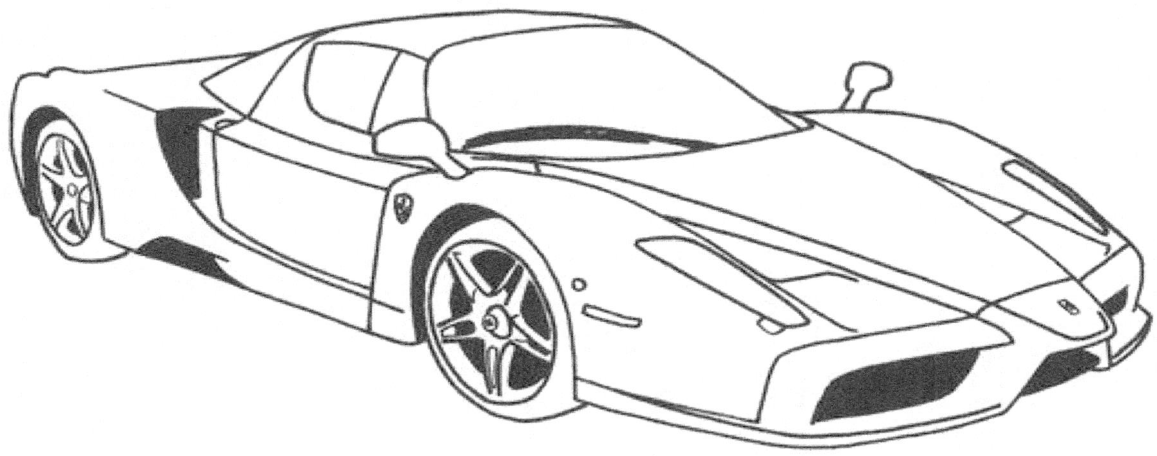

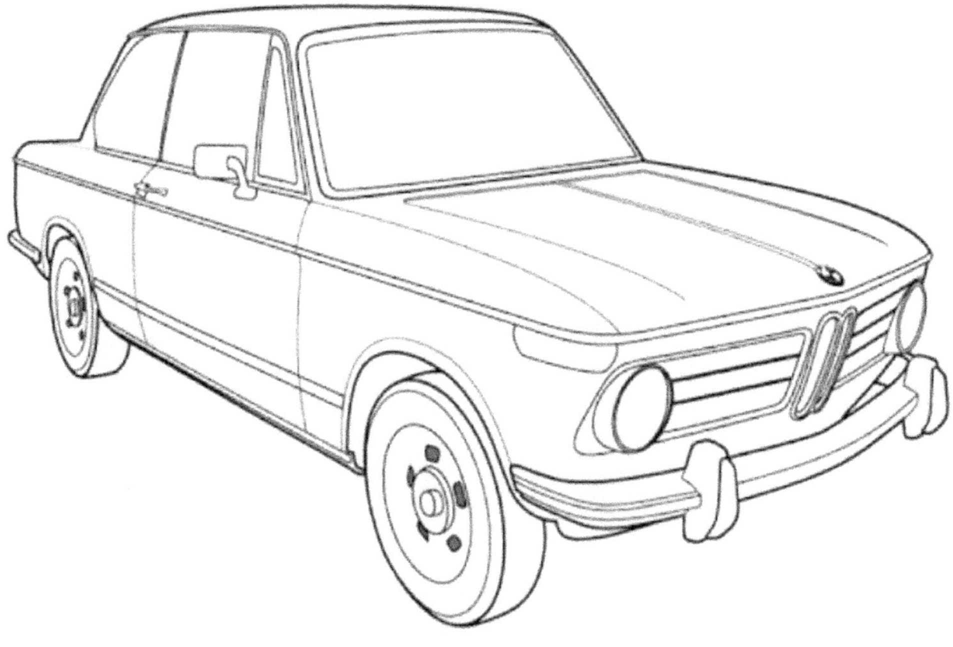

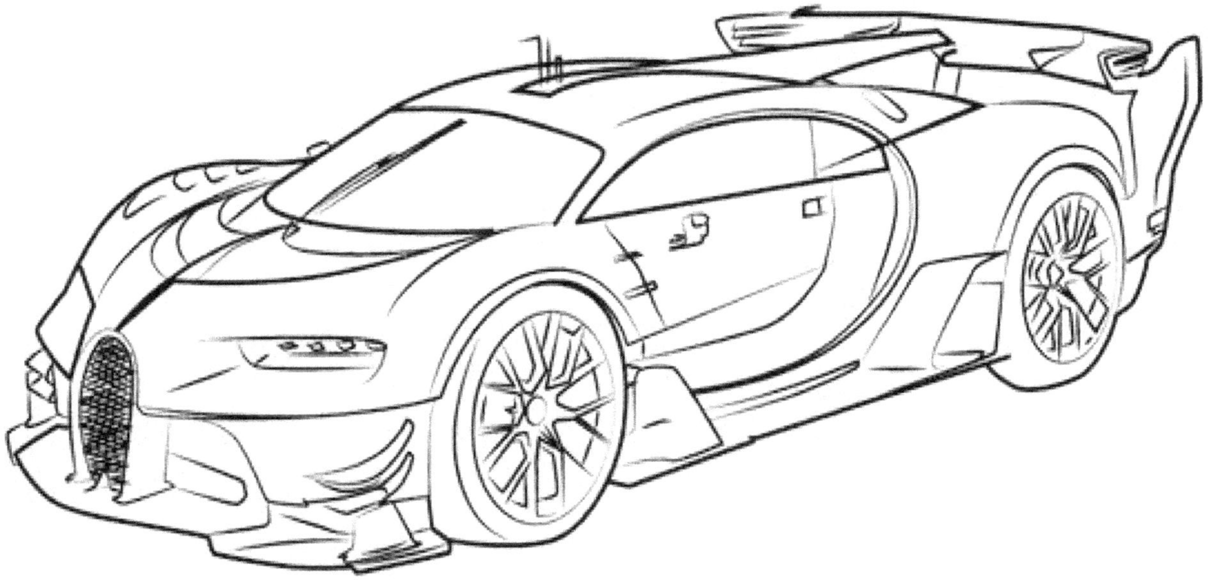

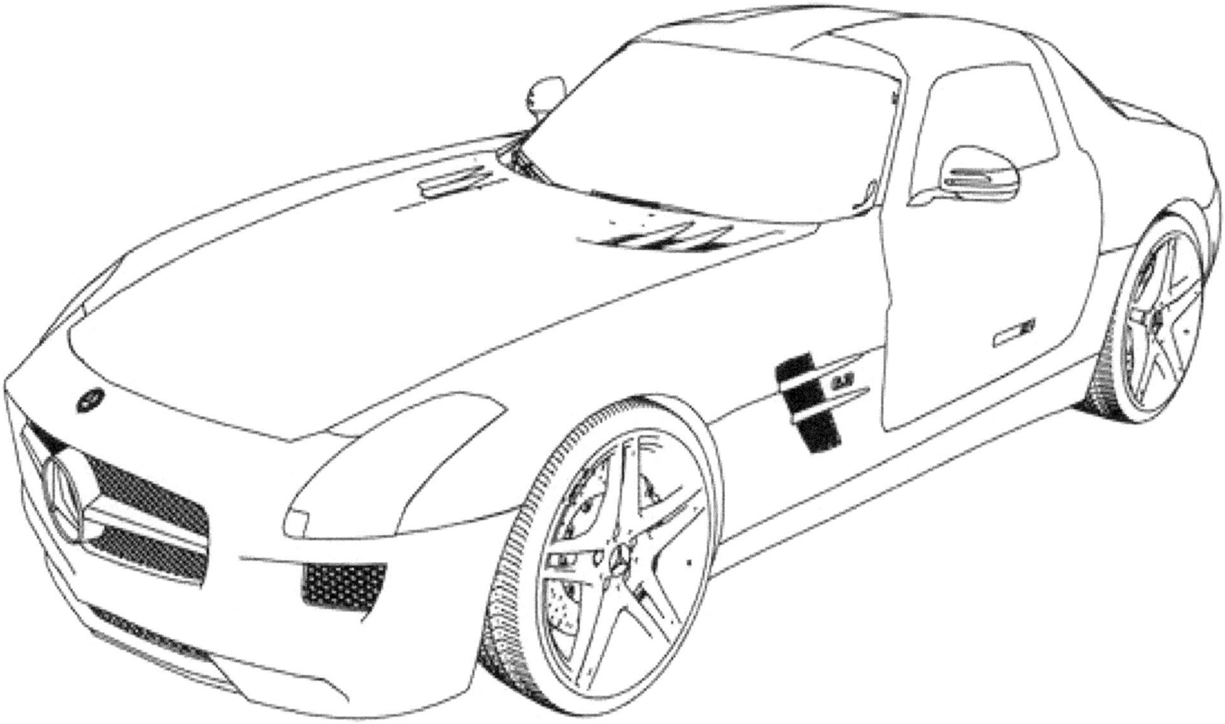

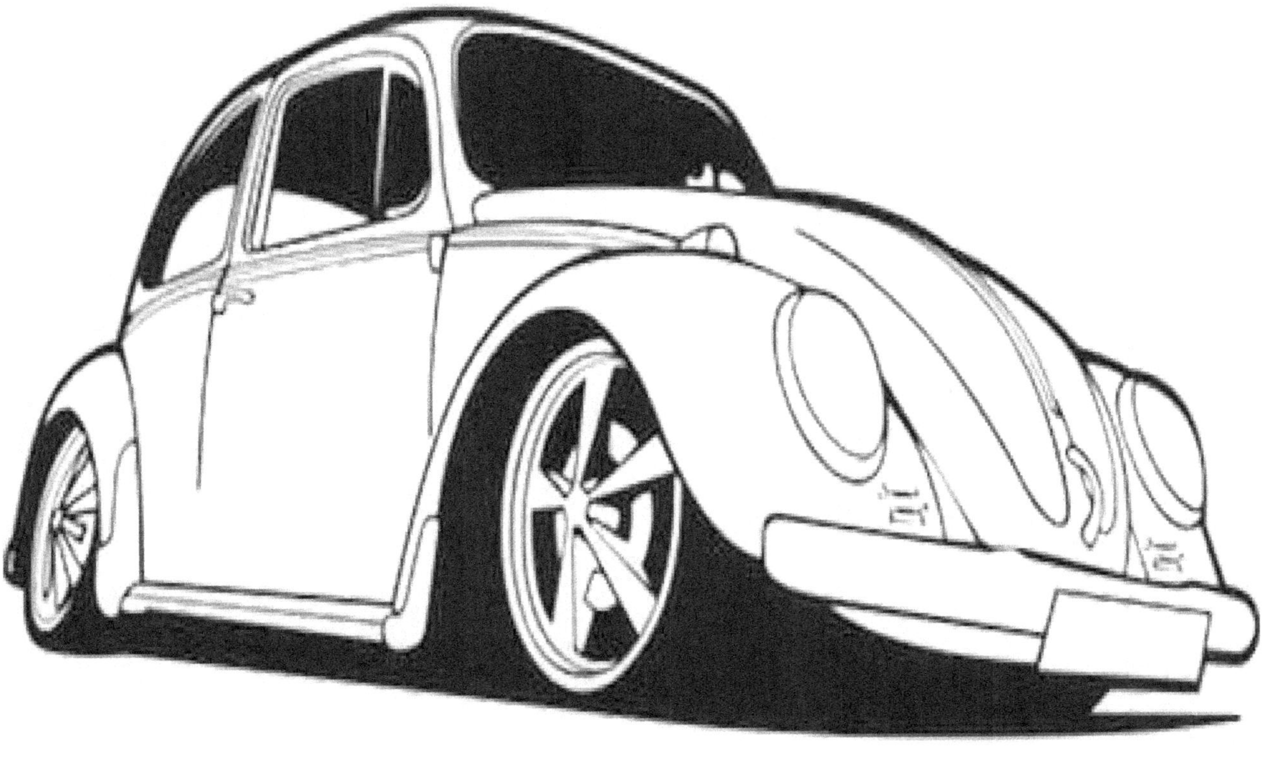

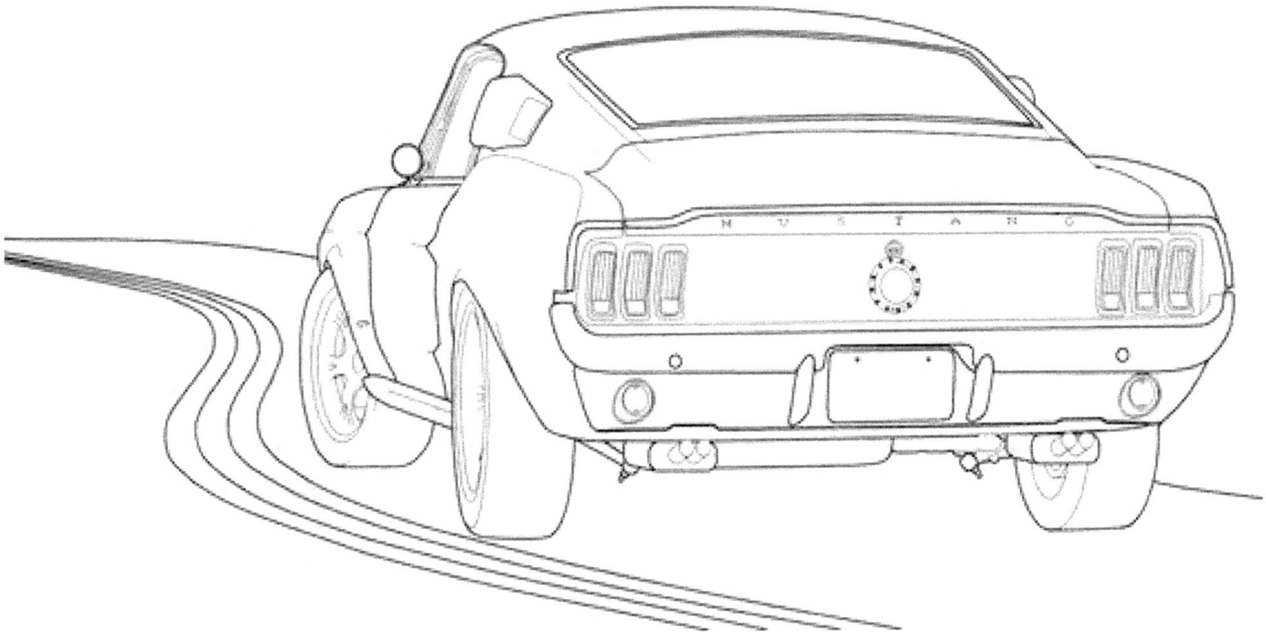
M U S T A N G

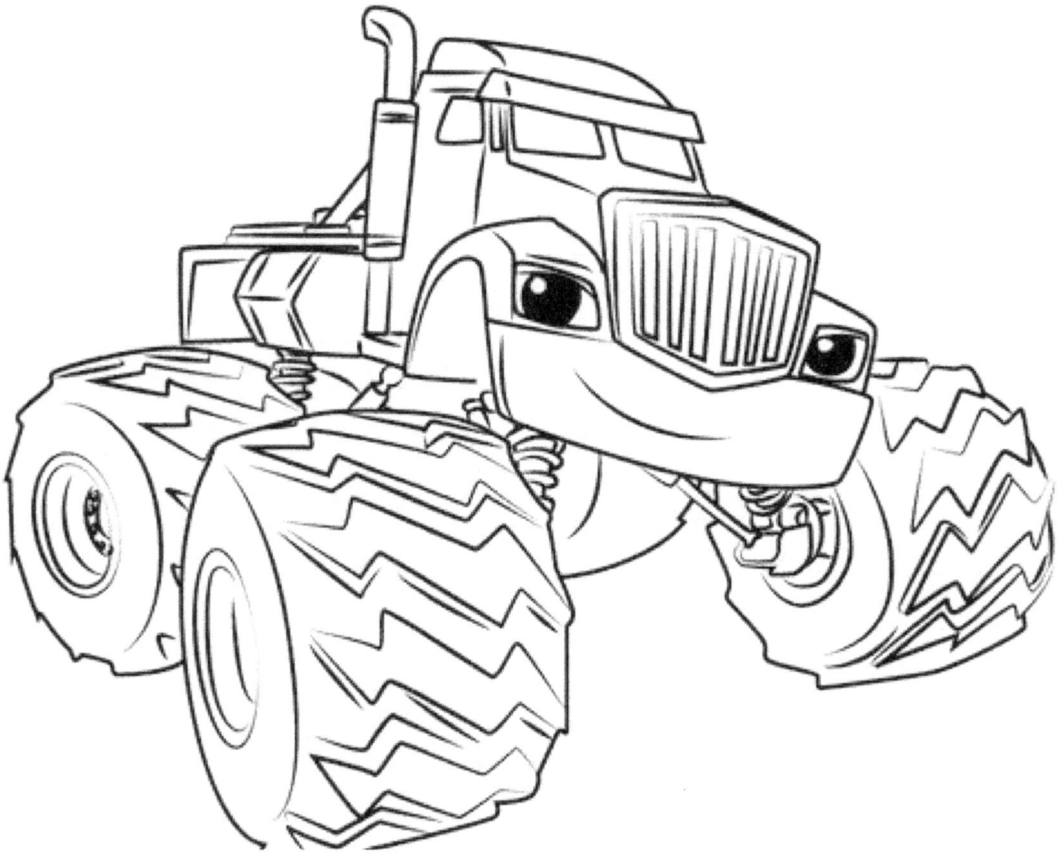

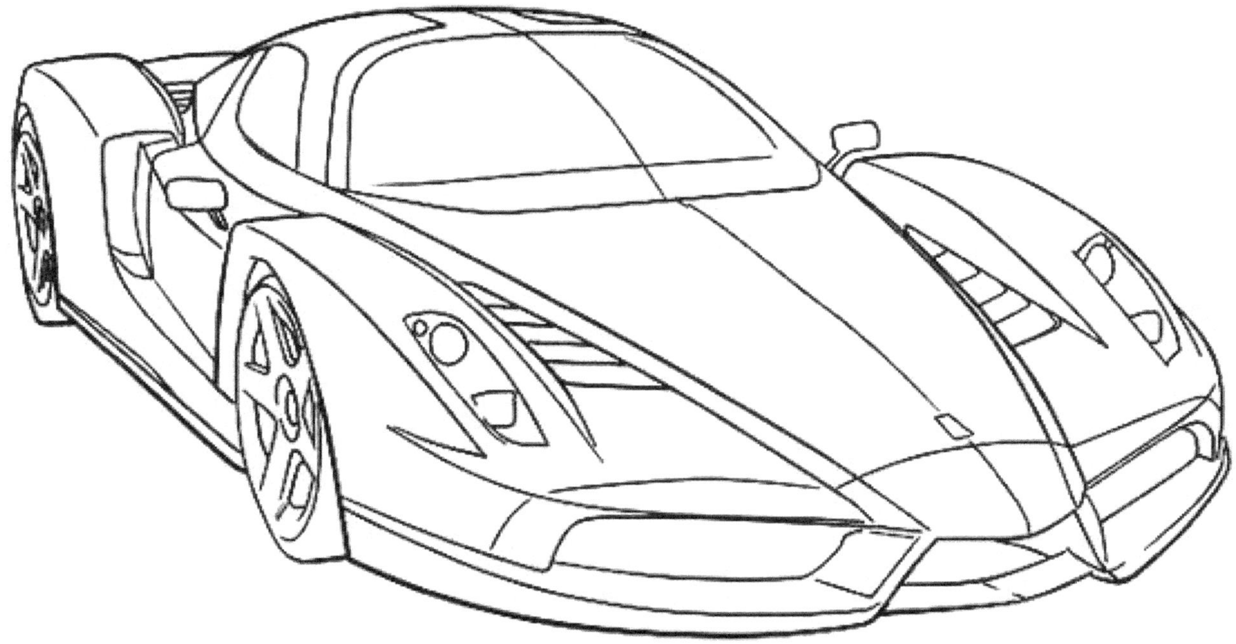

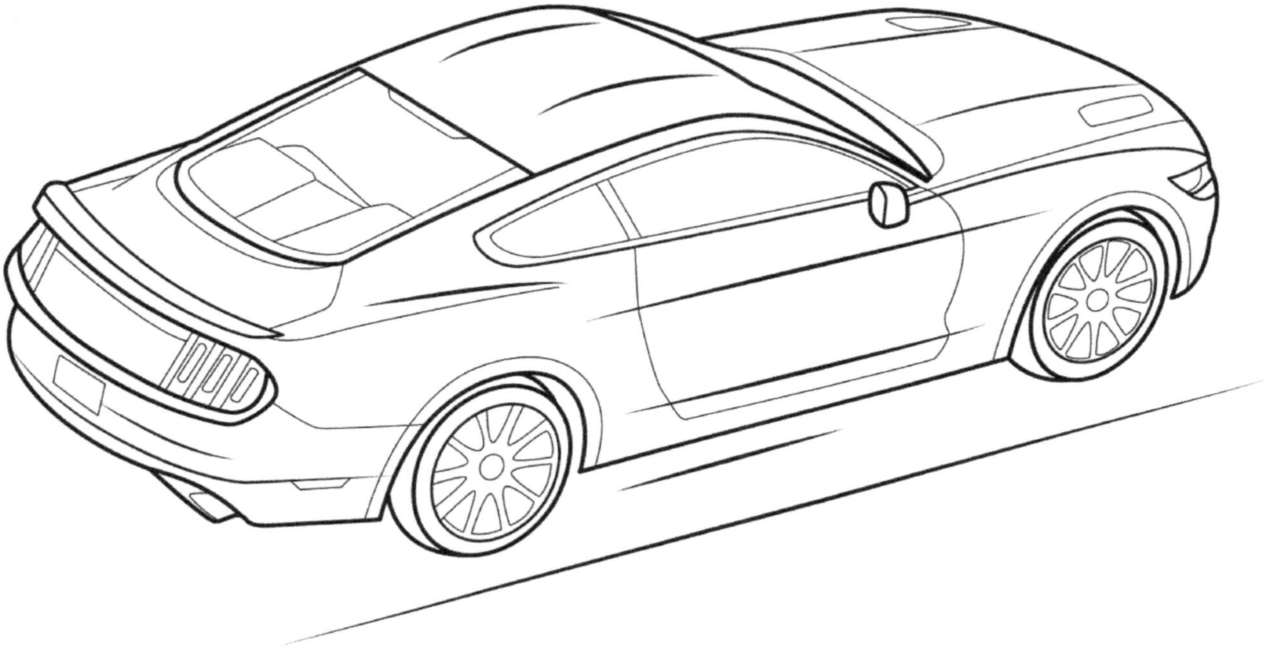

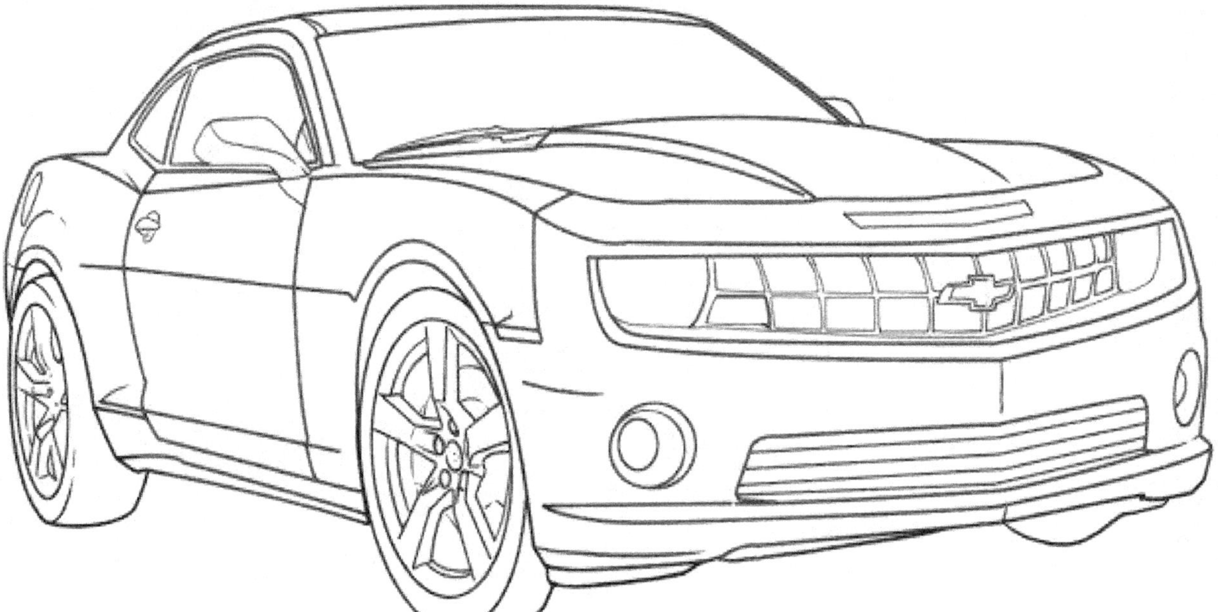

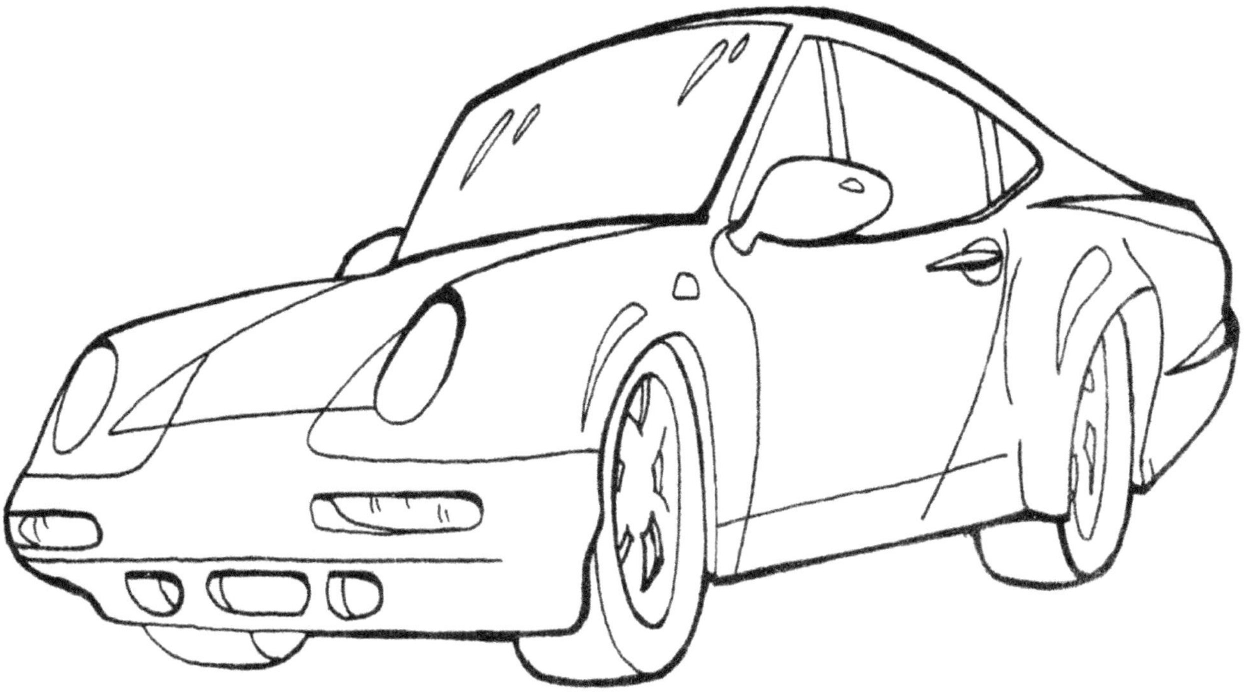

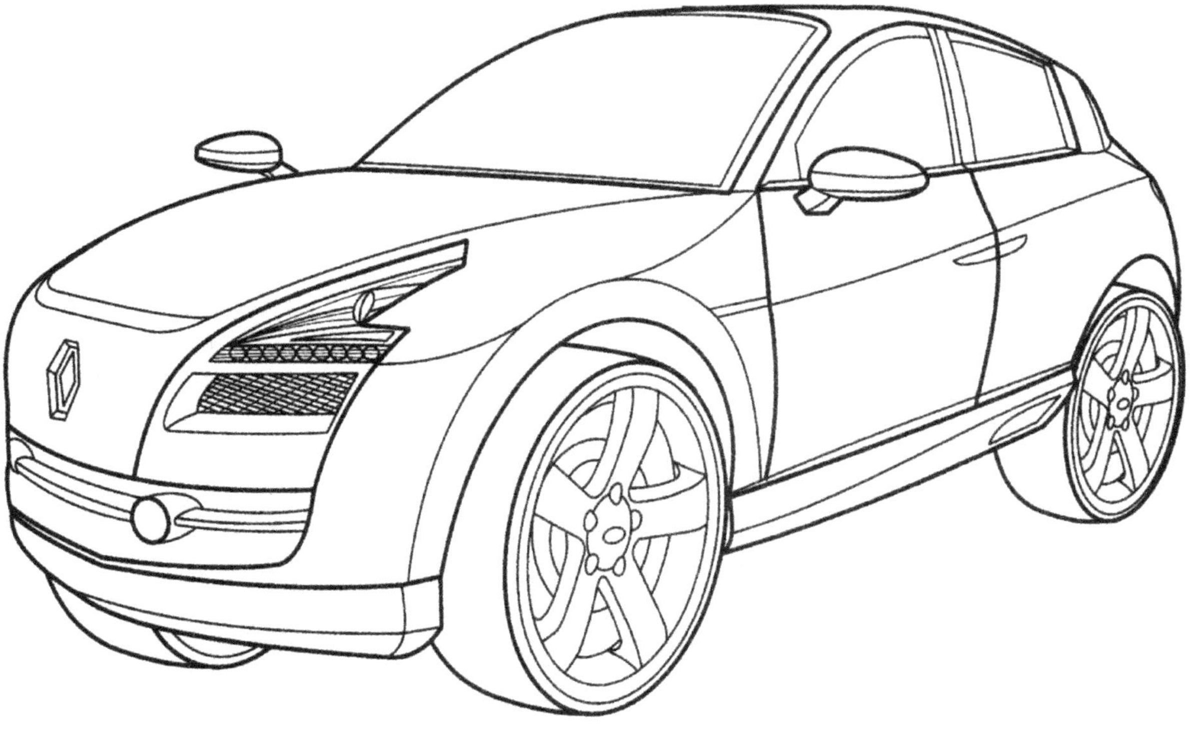

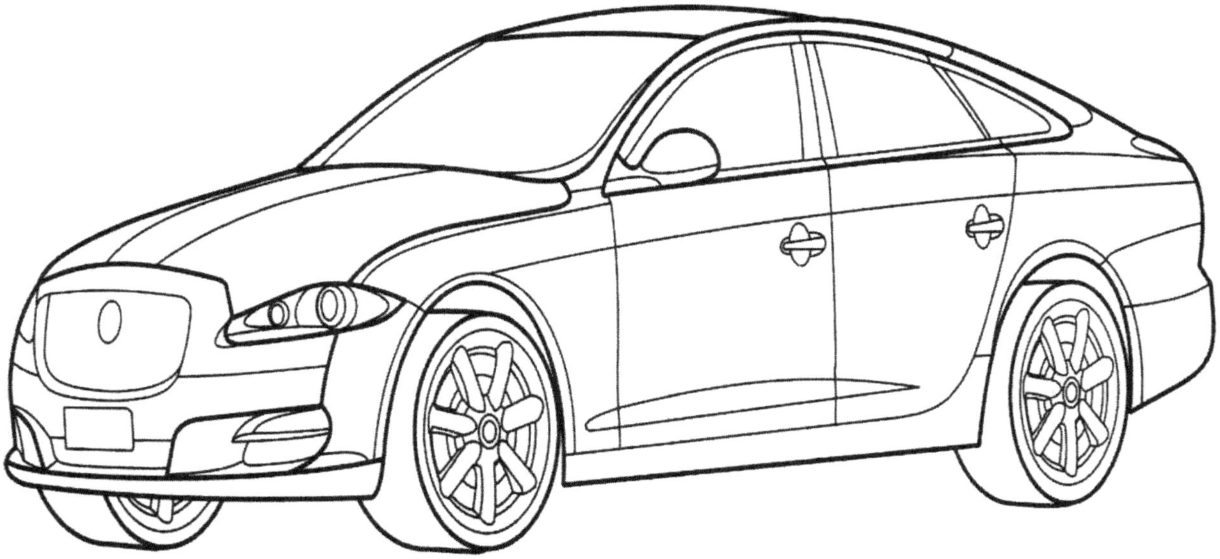

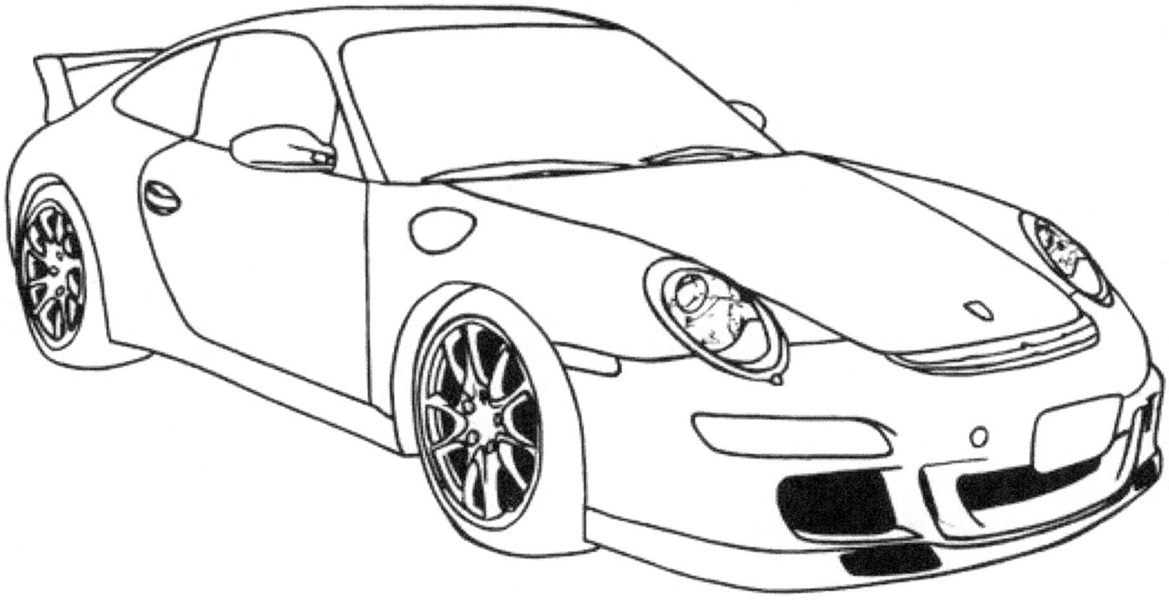

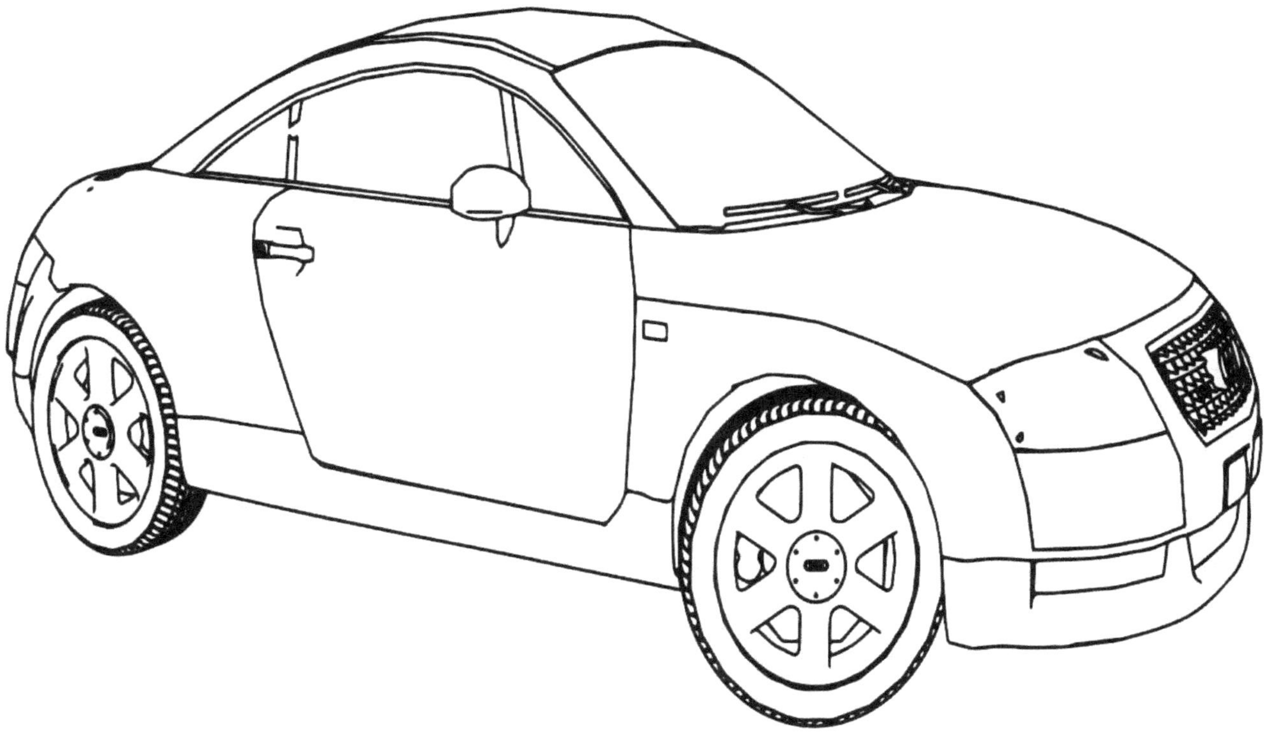

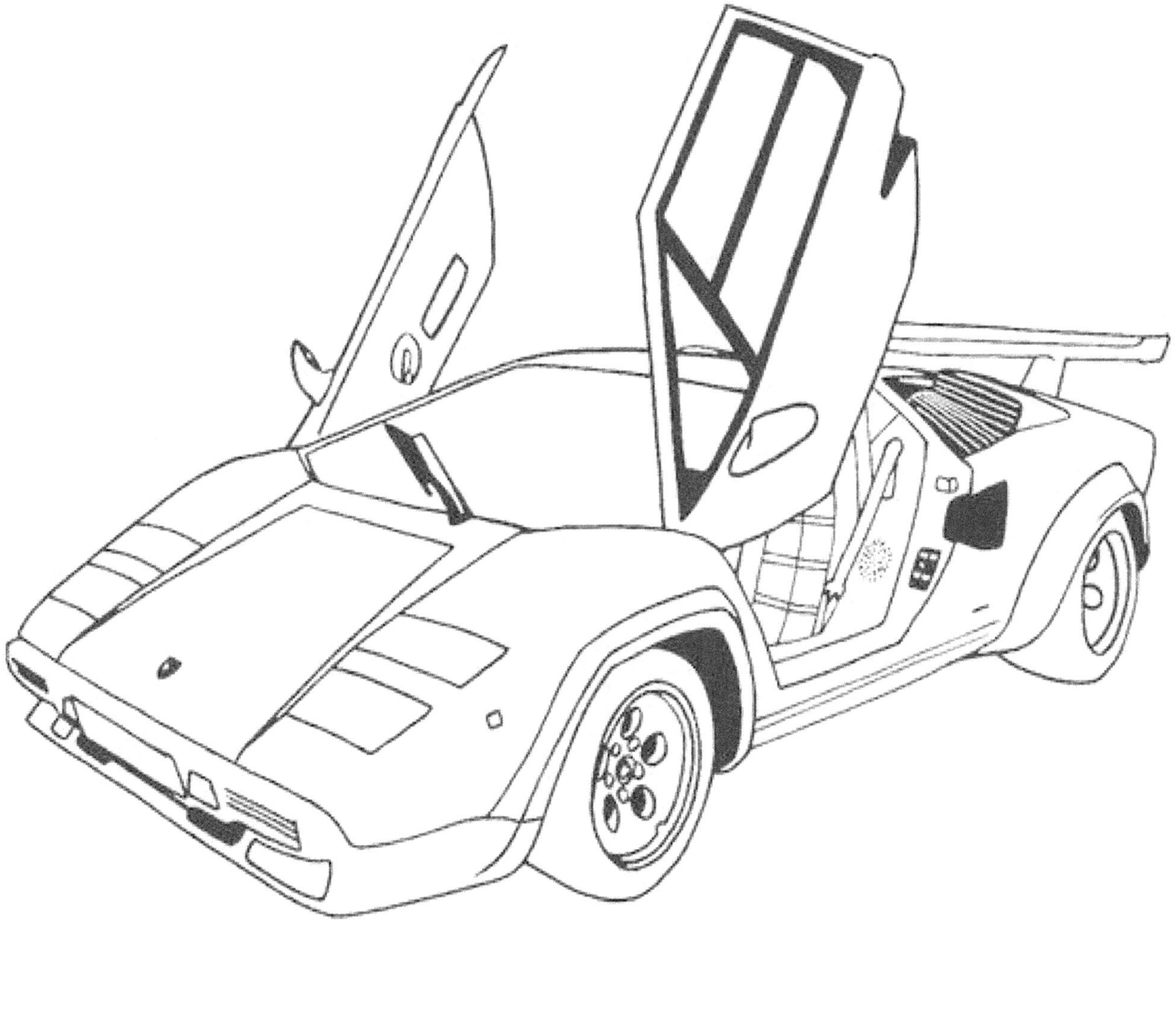

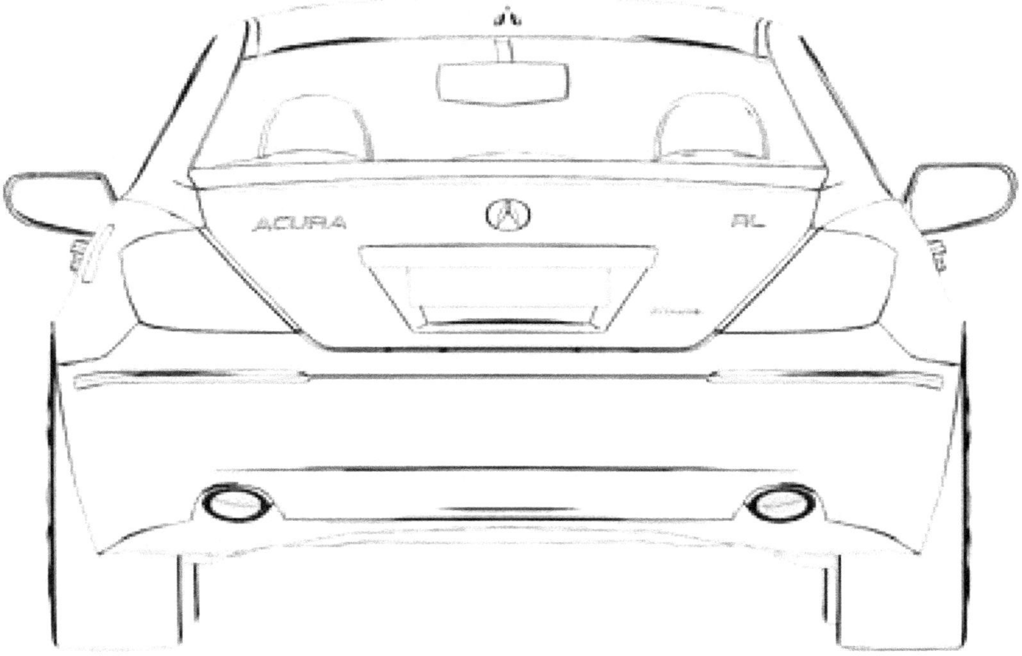
ACURA
RL

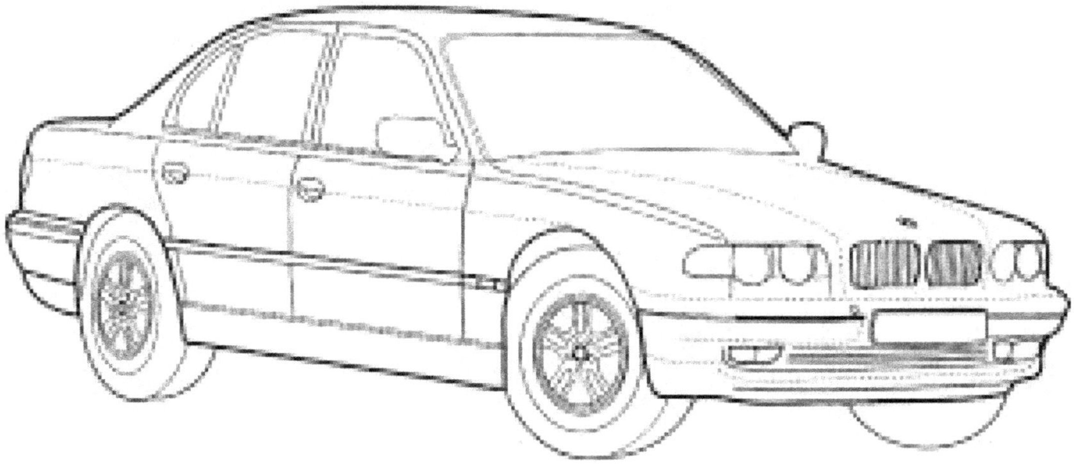

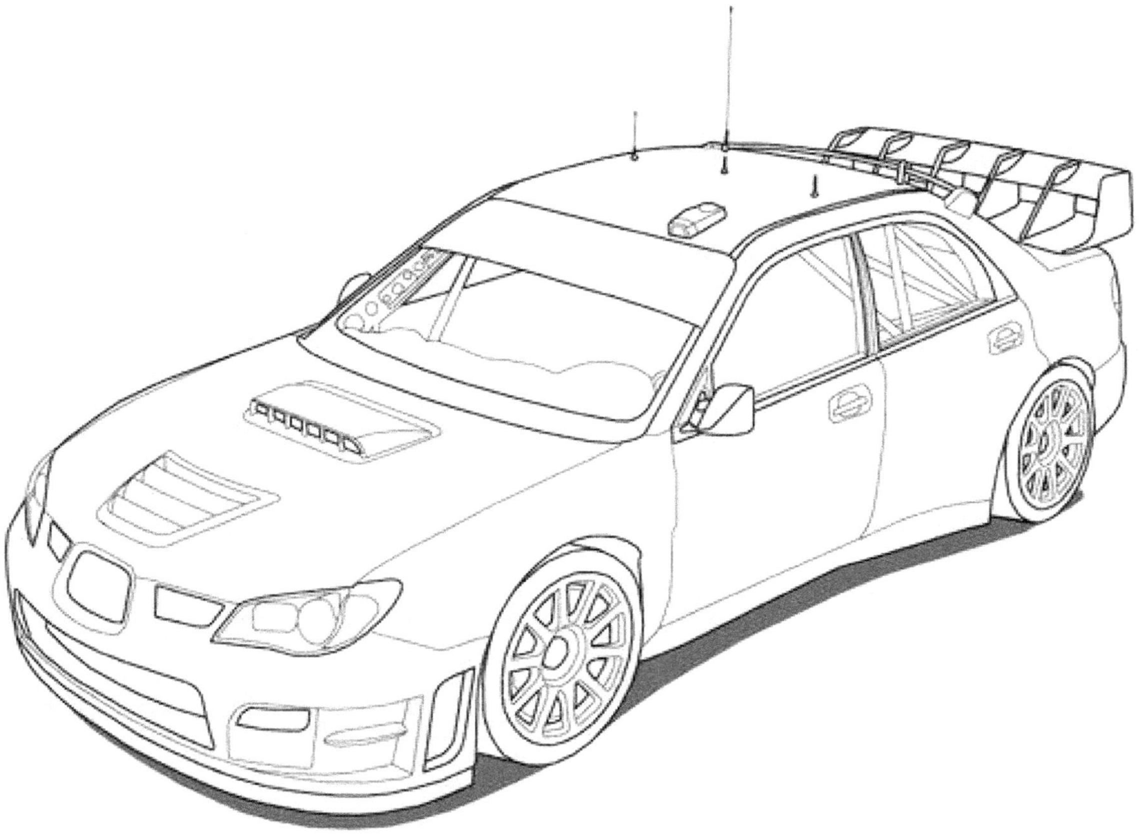

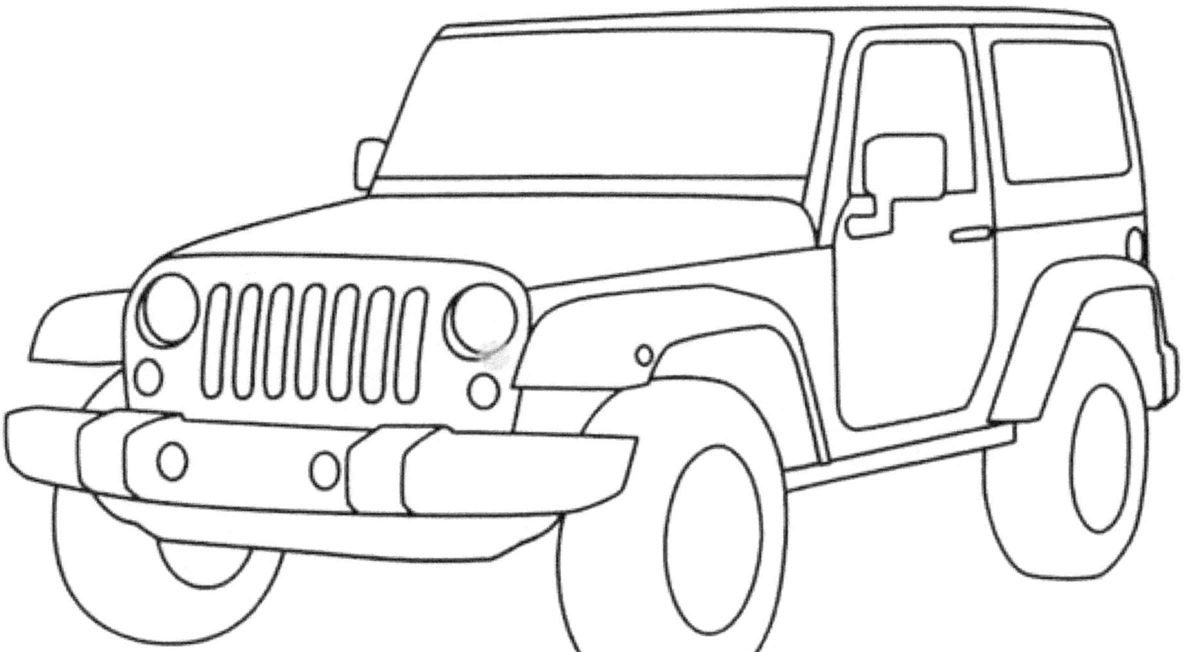

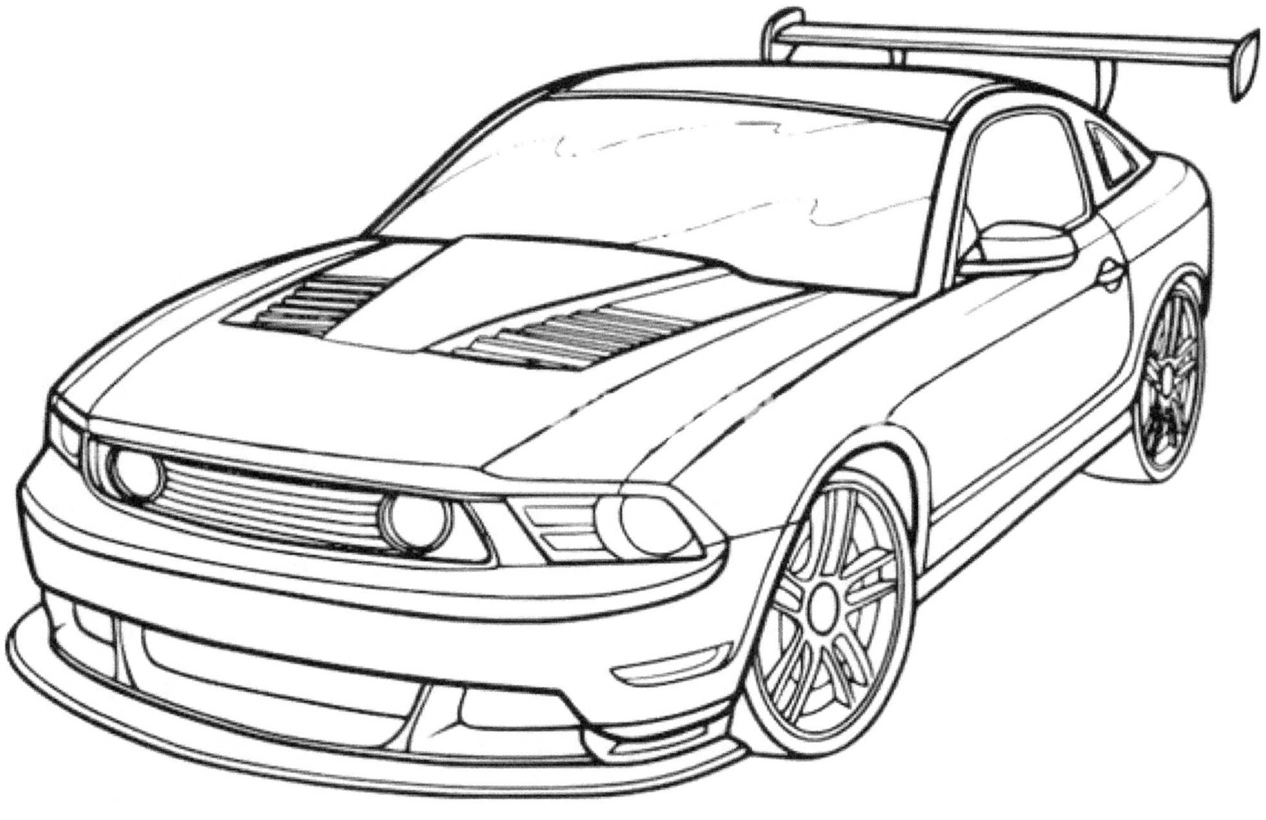

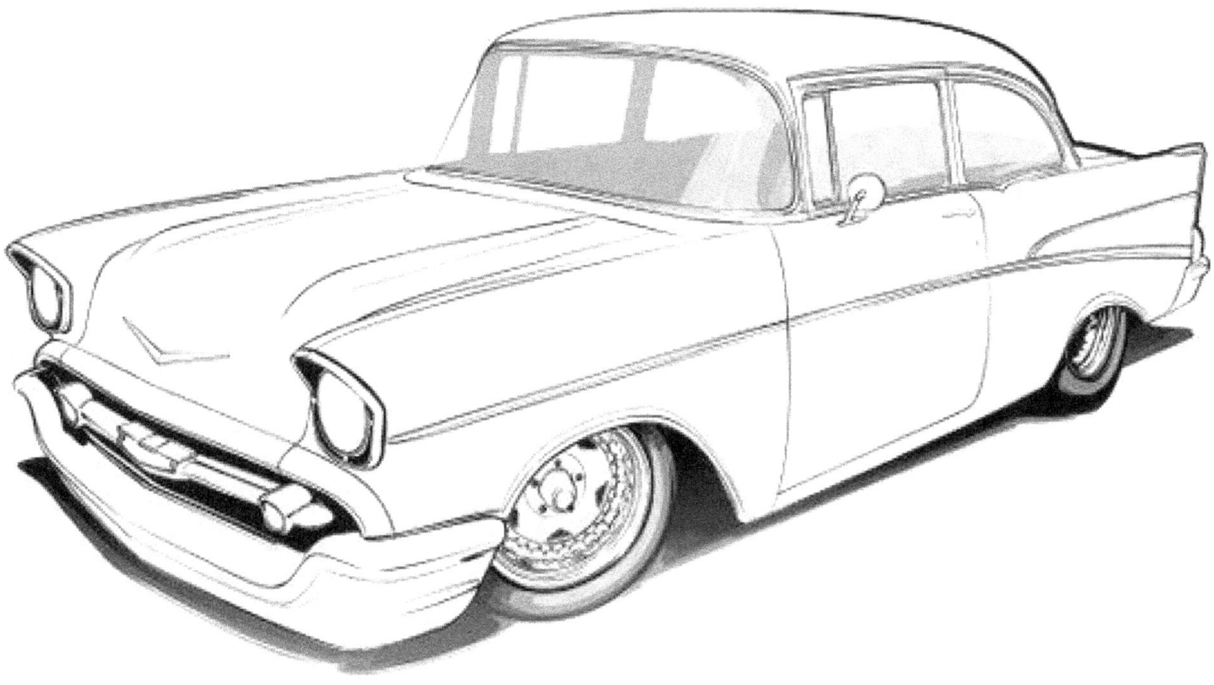

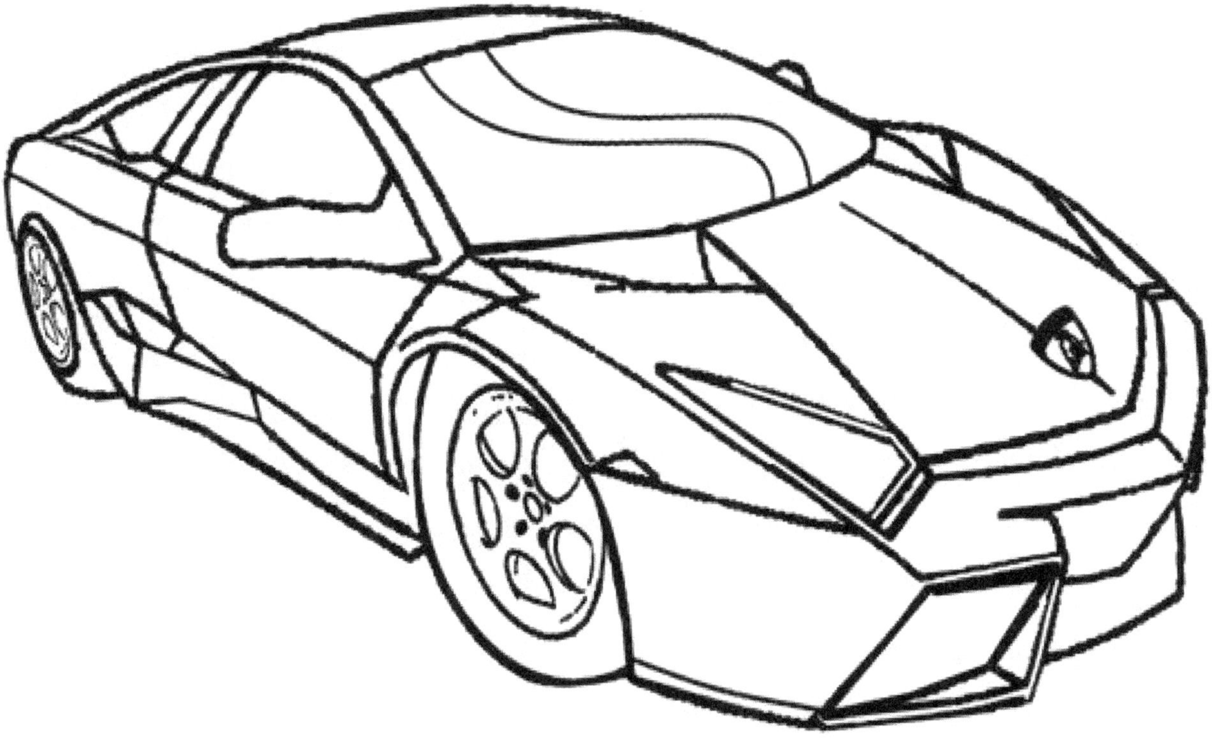

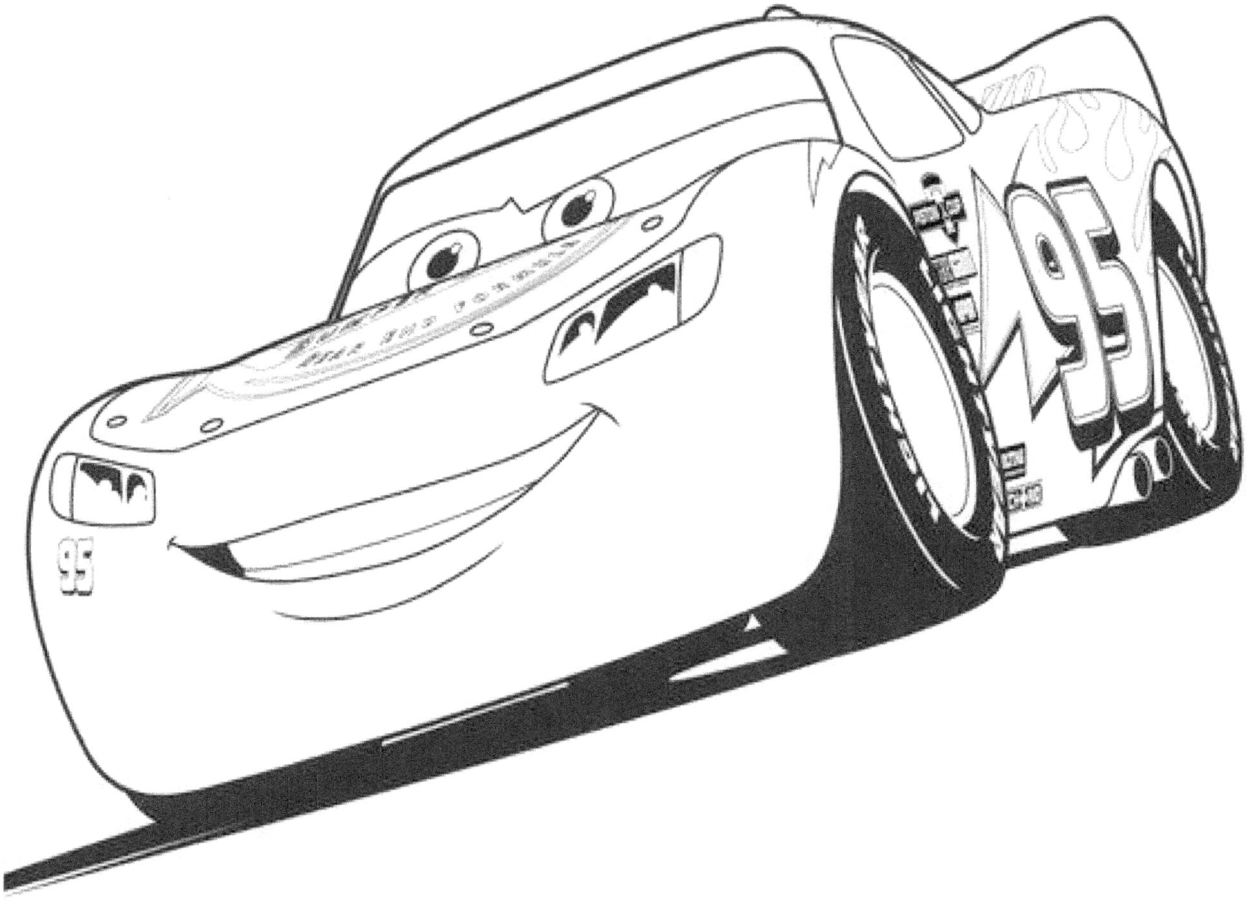
95
95

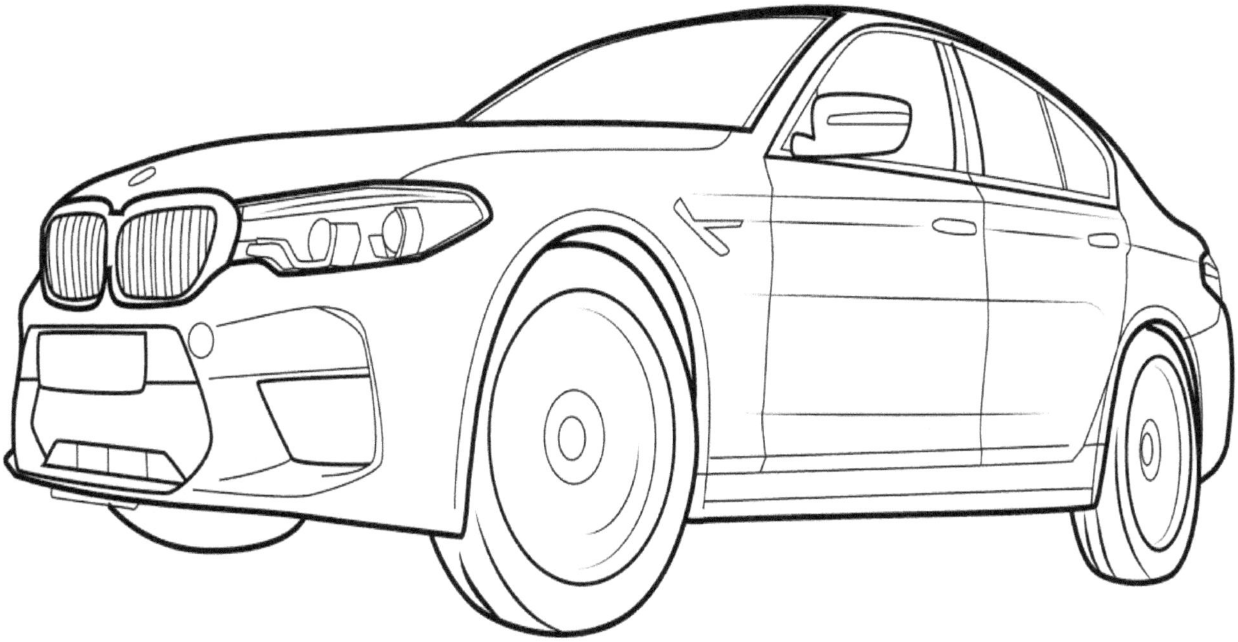

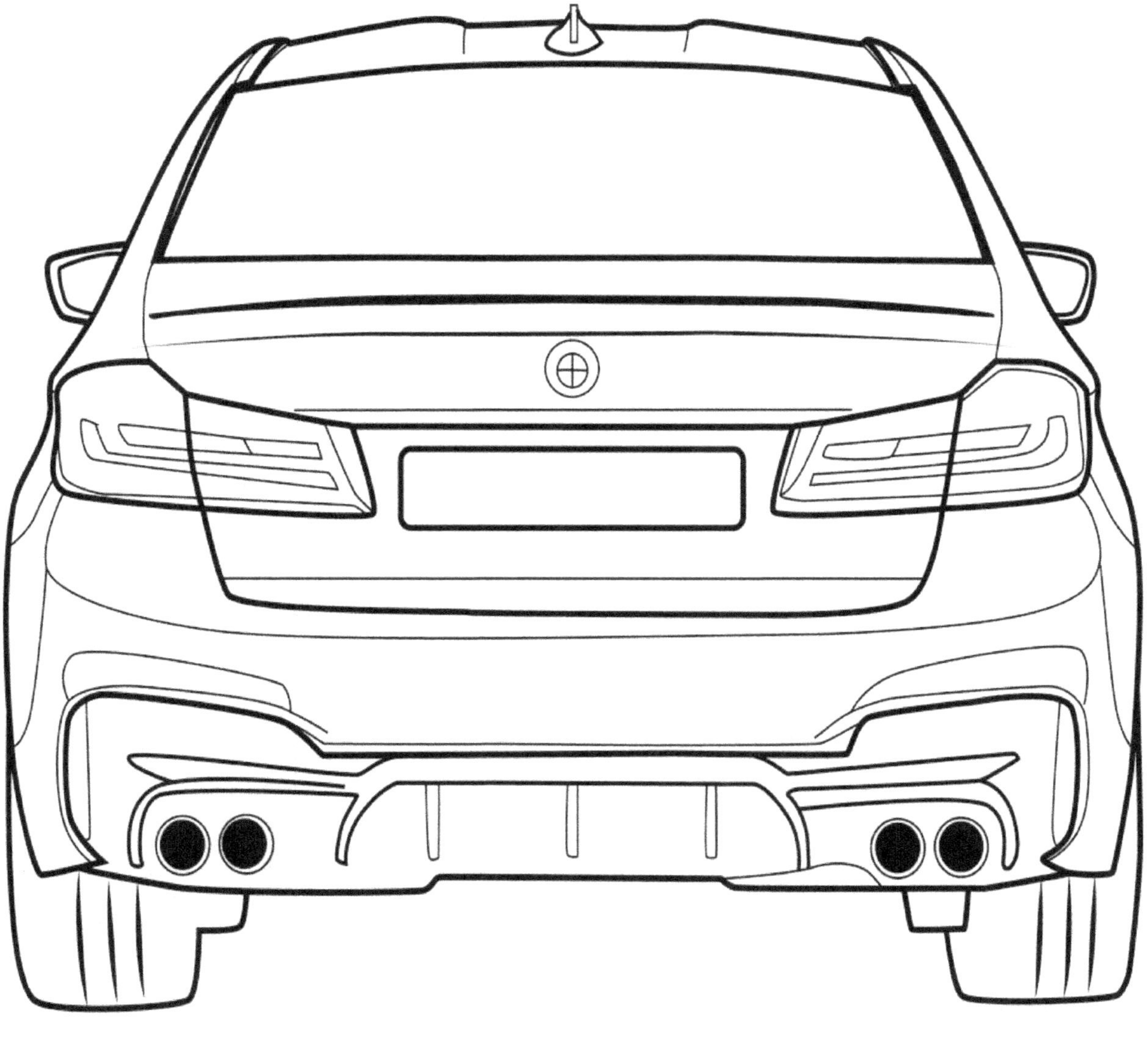

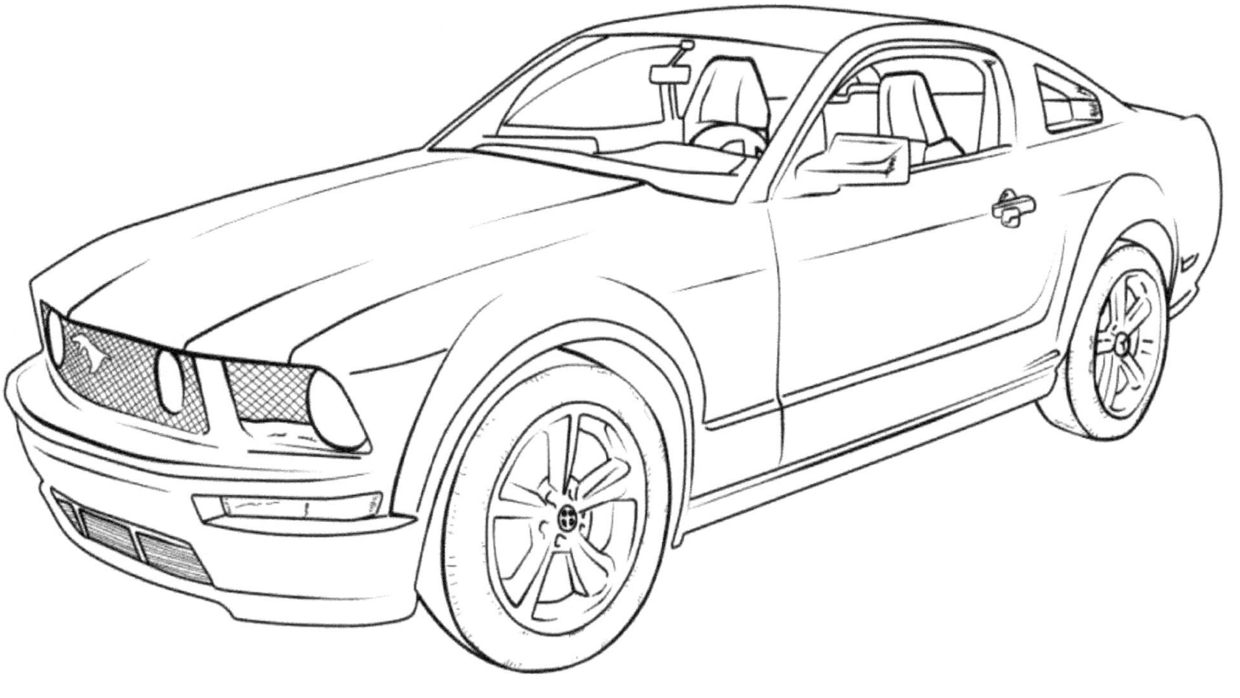

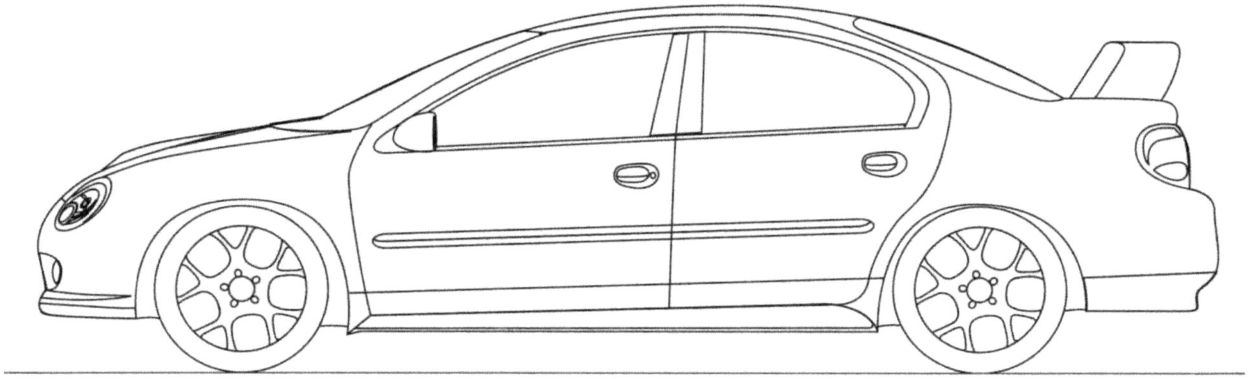

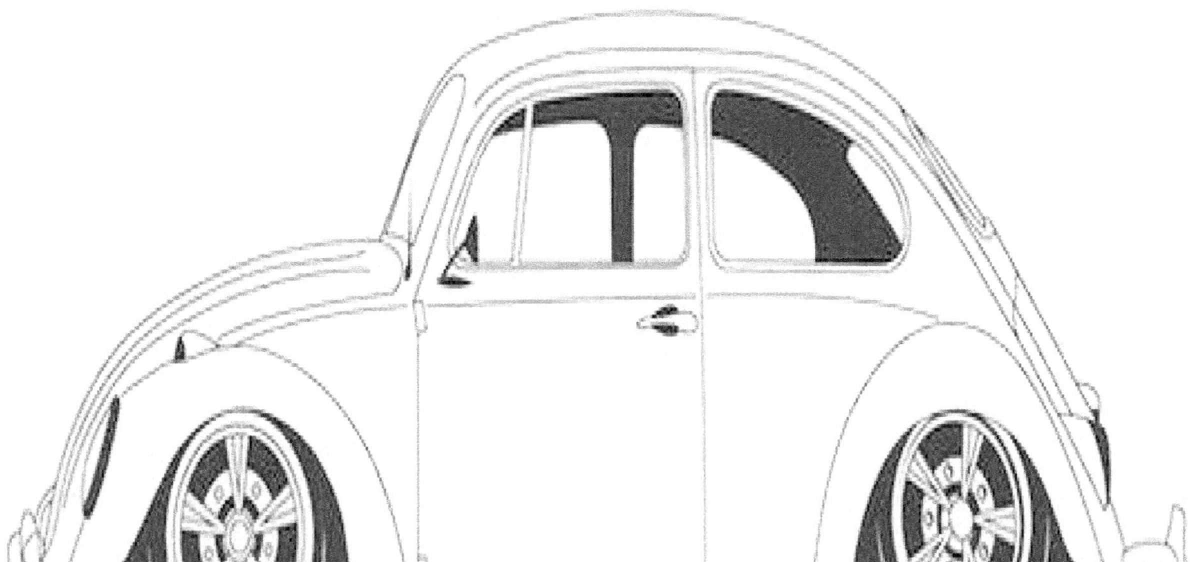

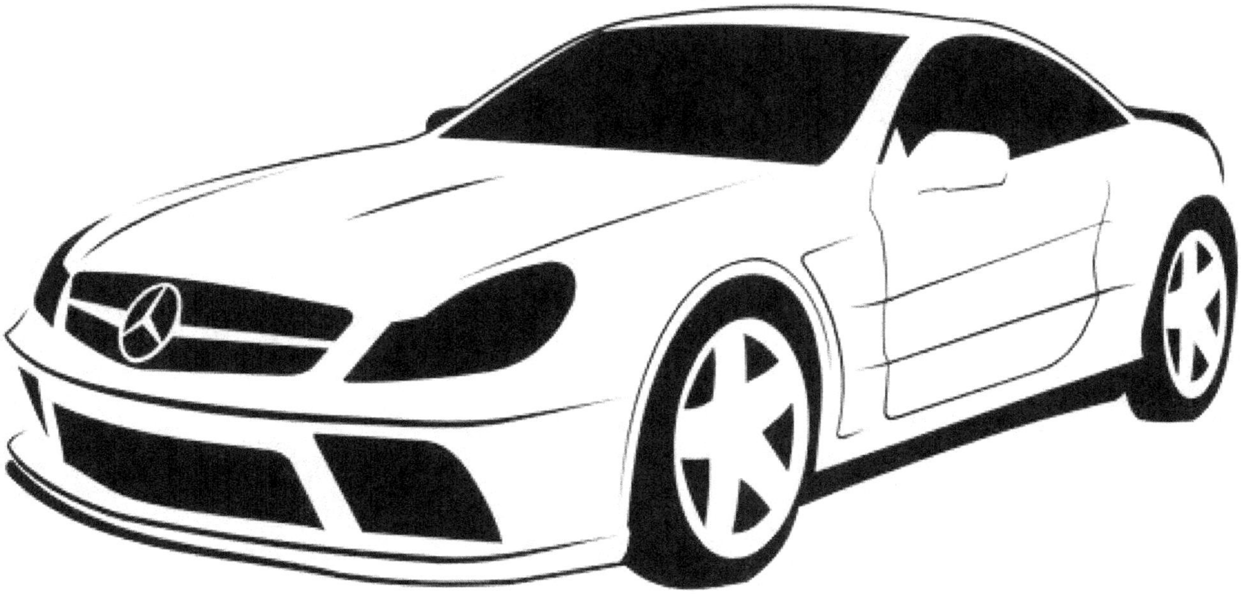

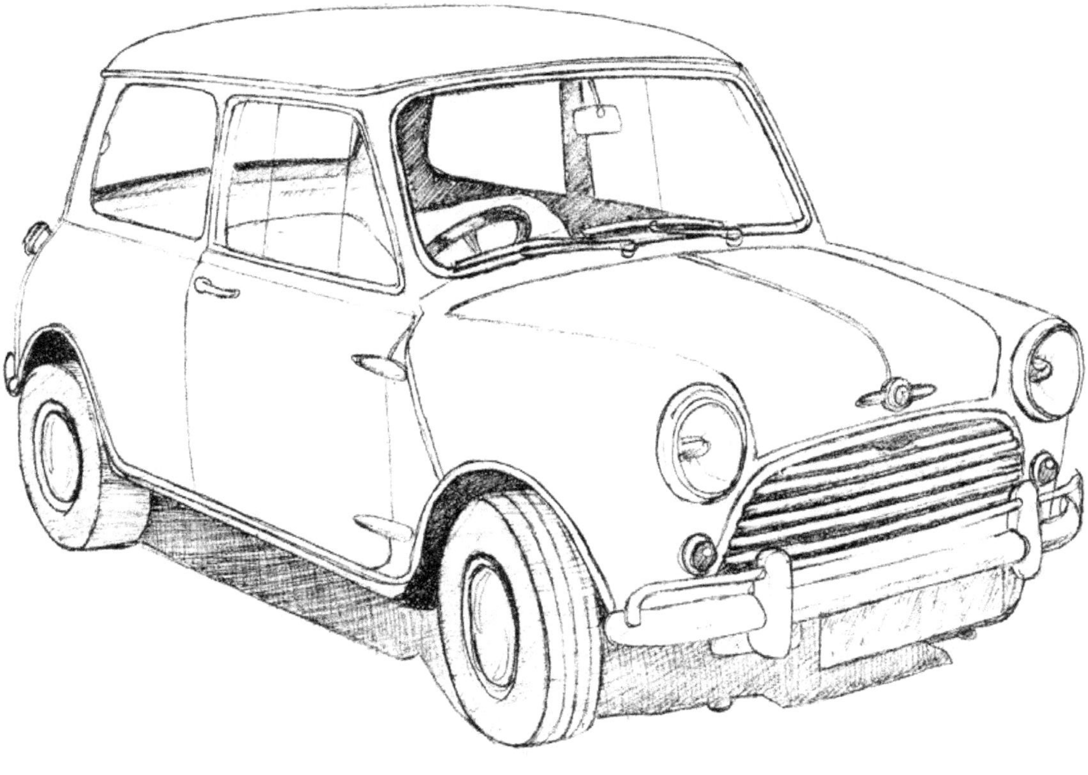

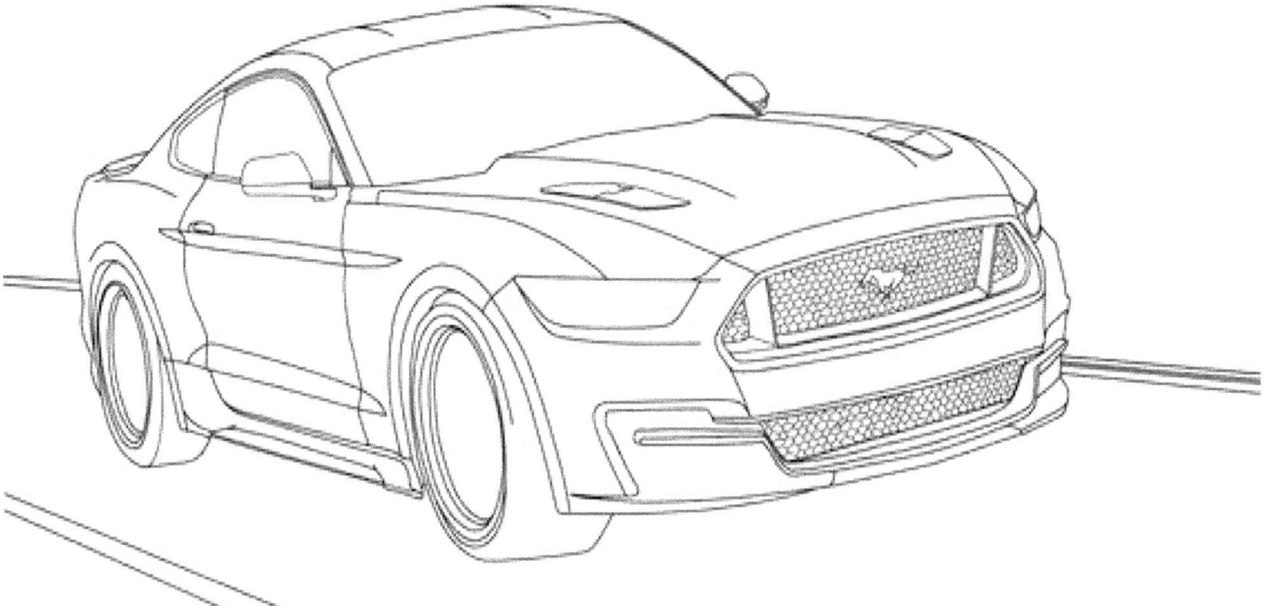

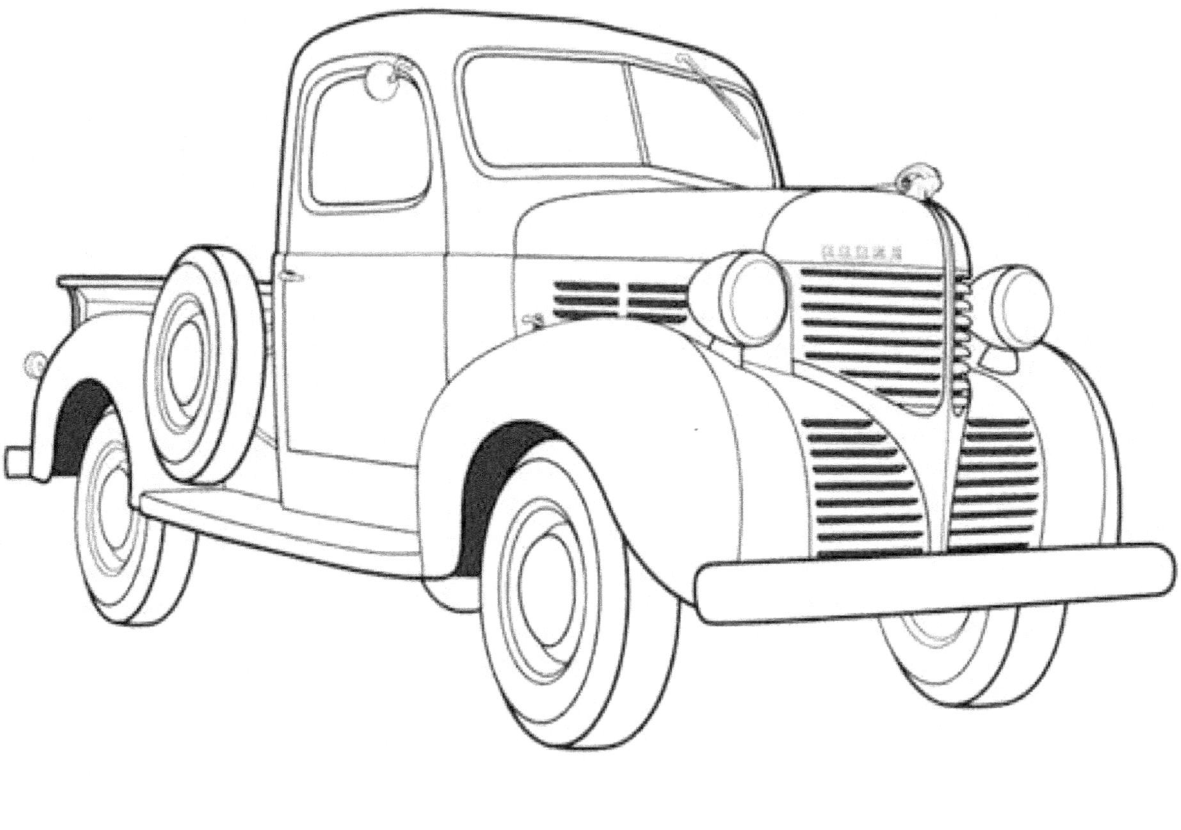

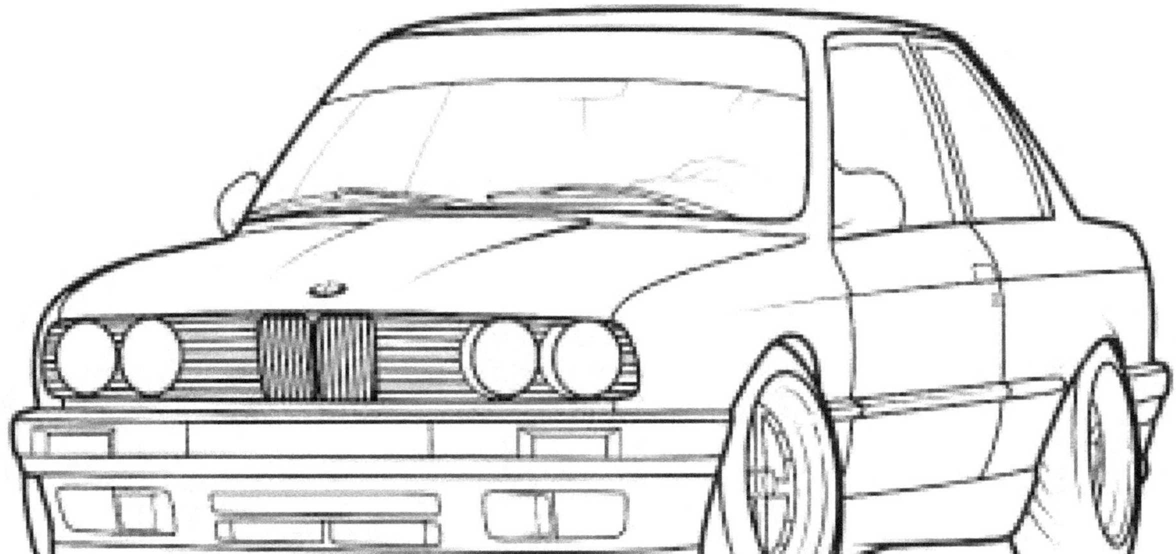

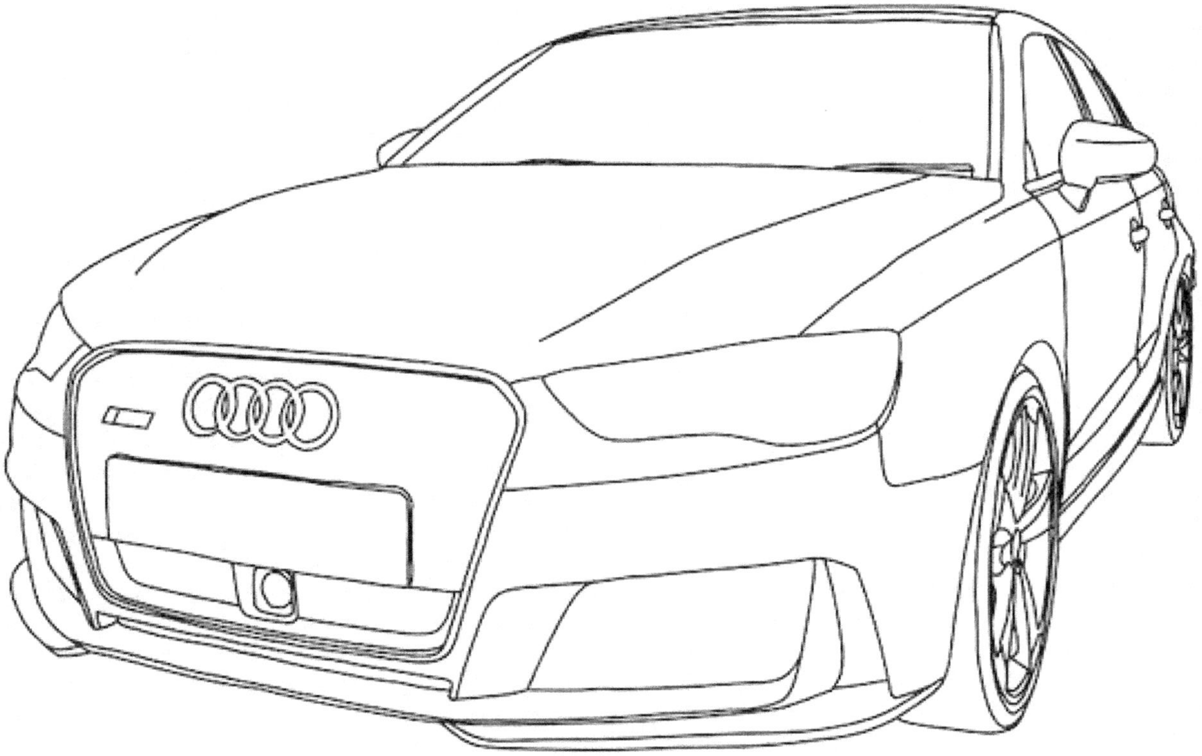

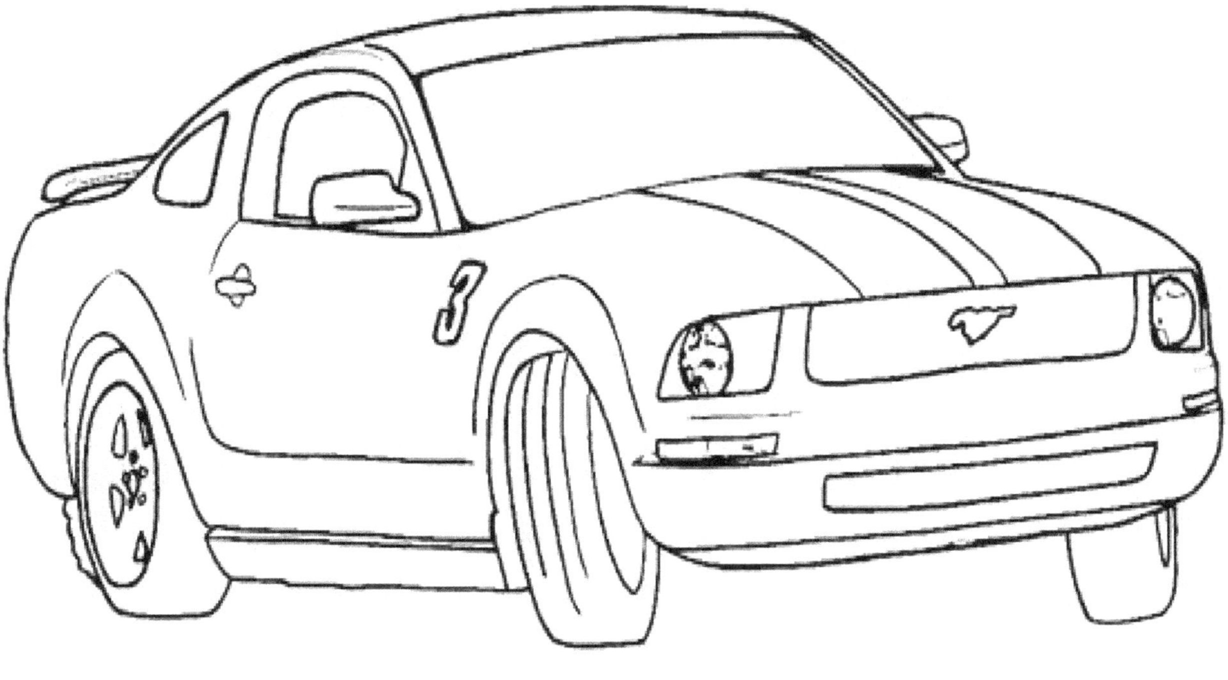
3

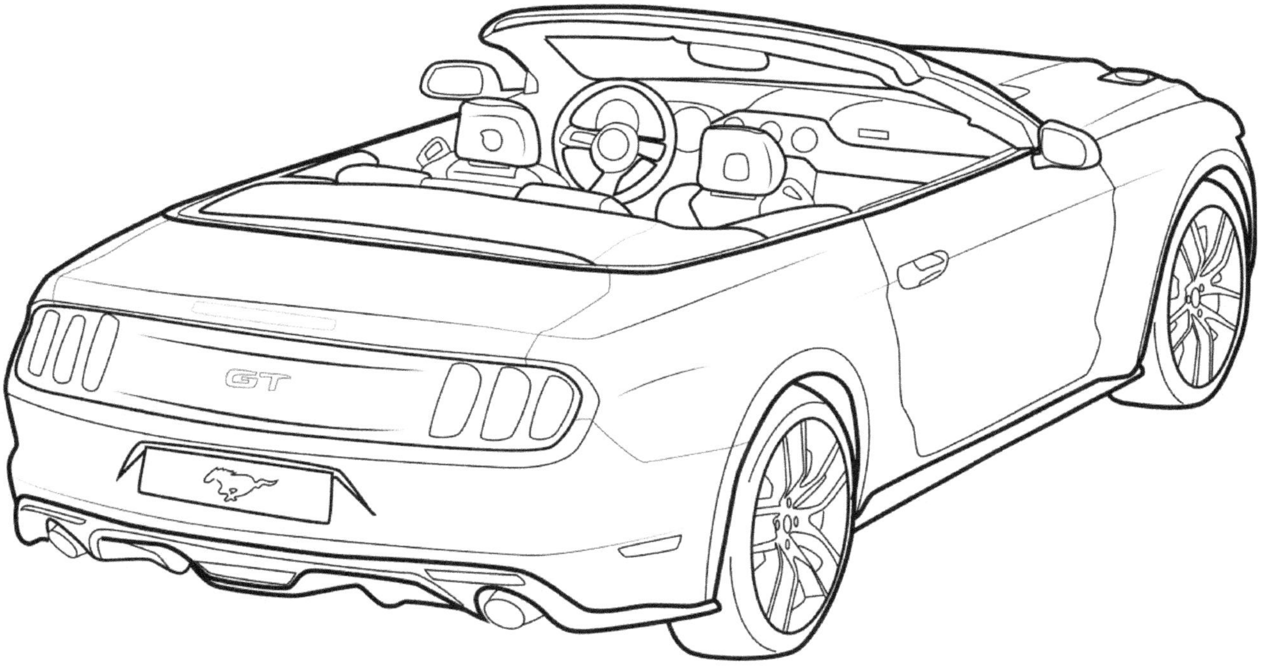
GT

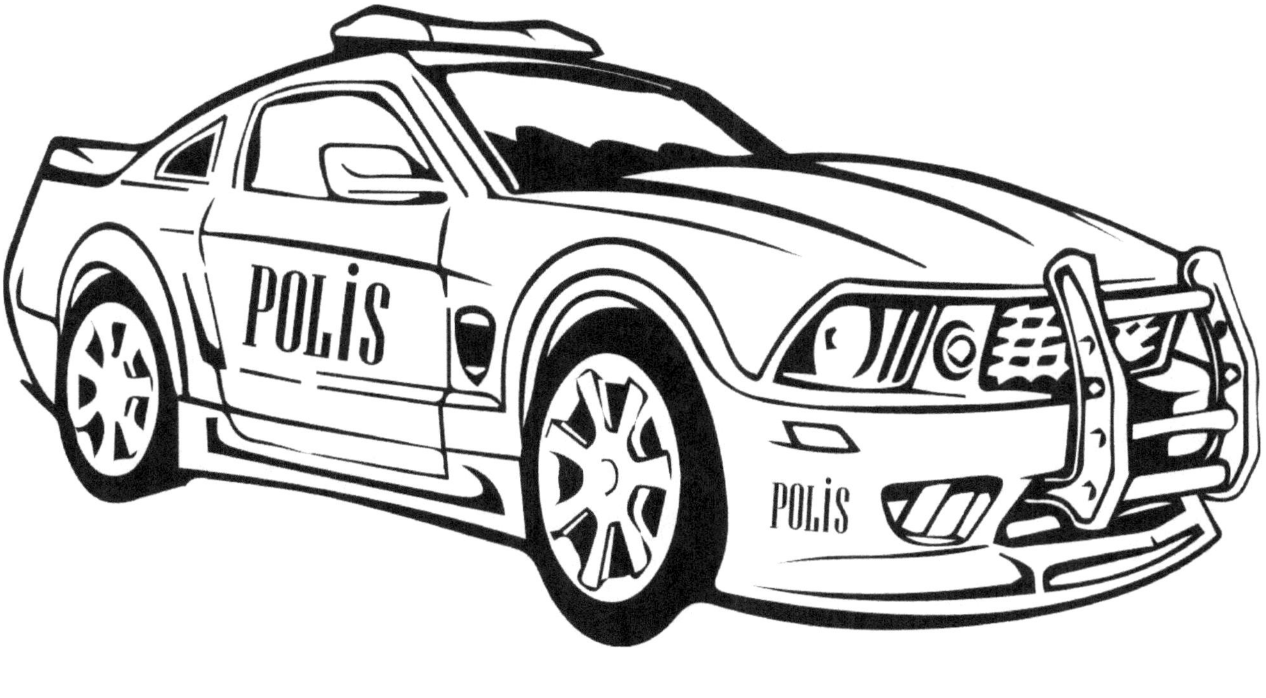
POLİS
POLİS

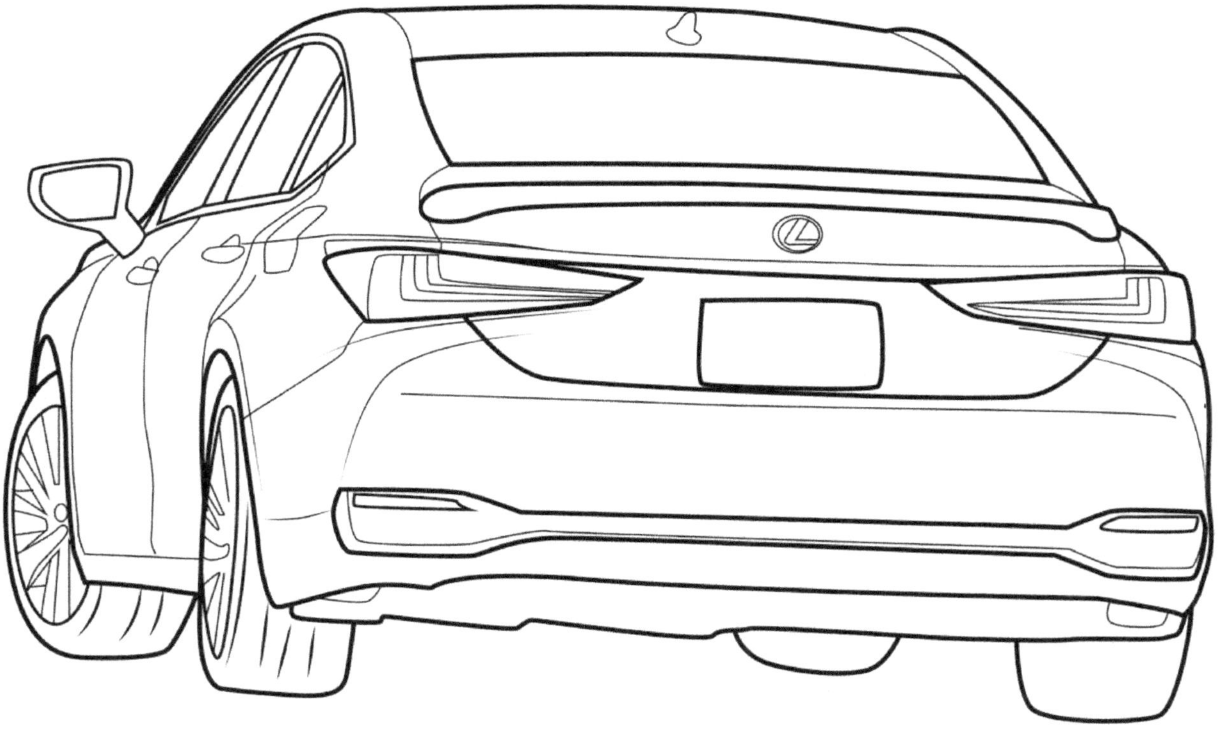

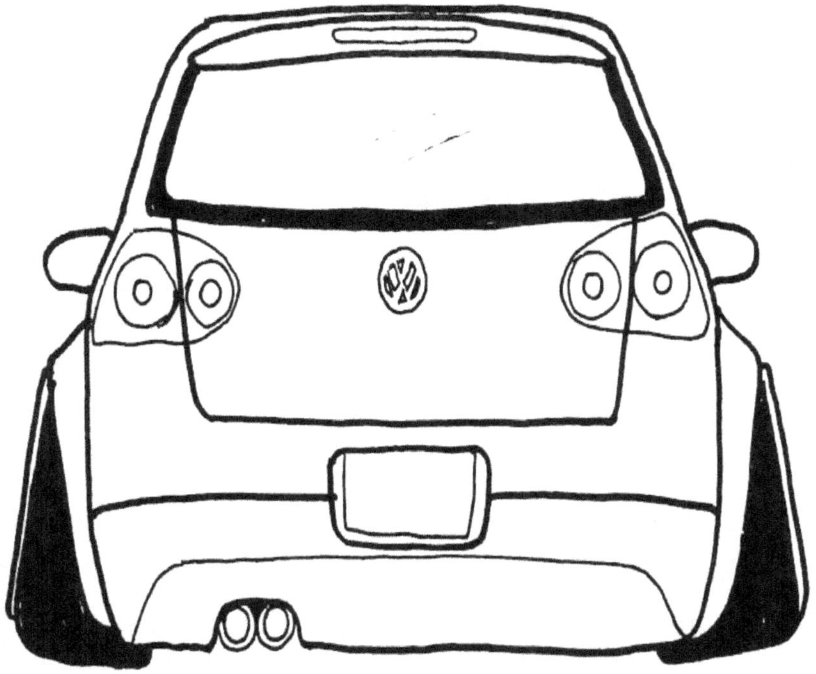

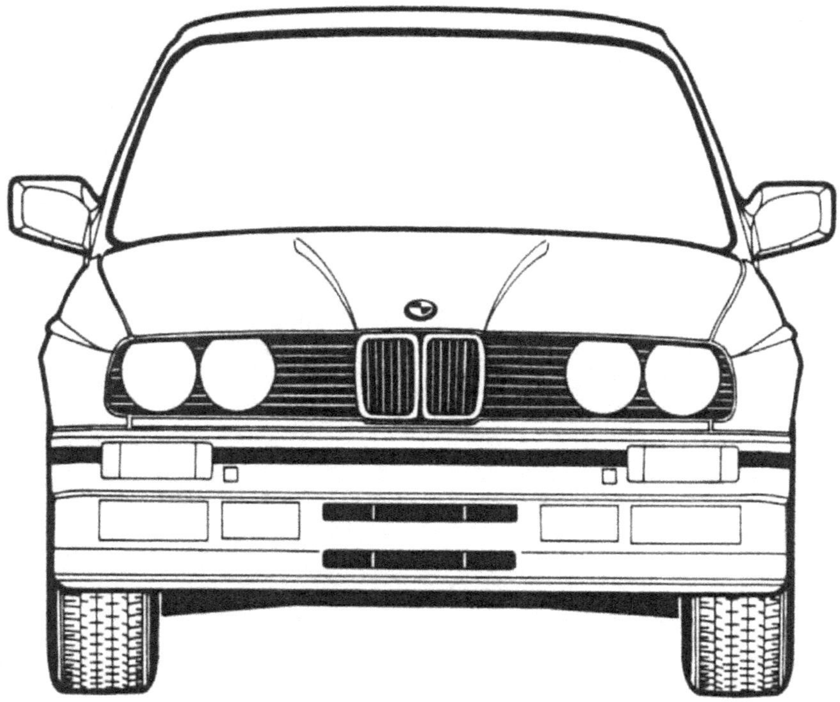

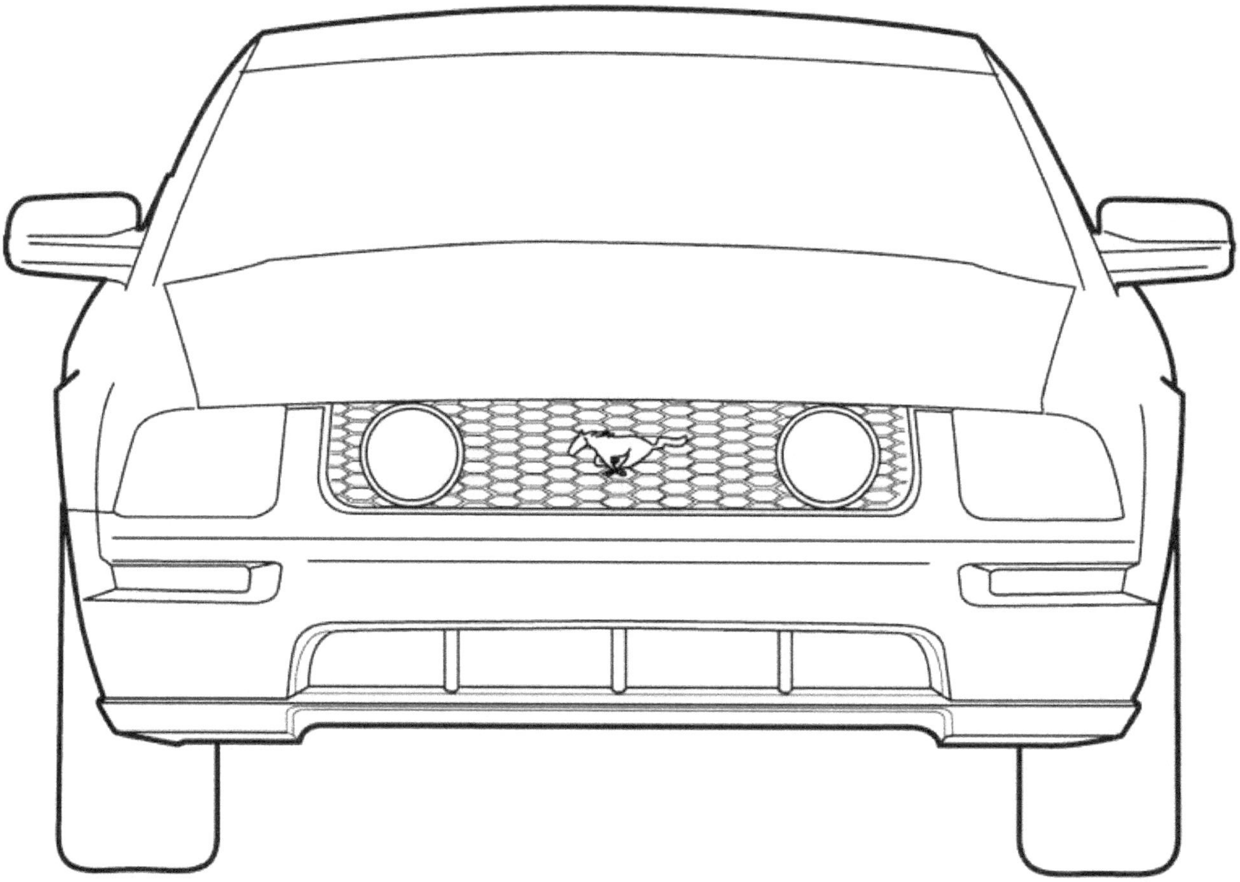

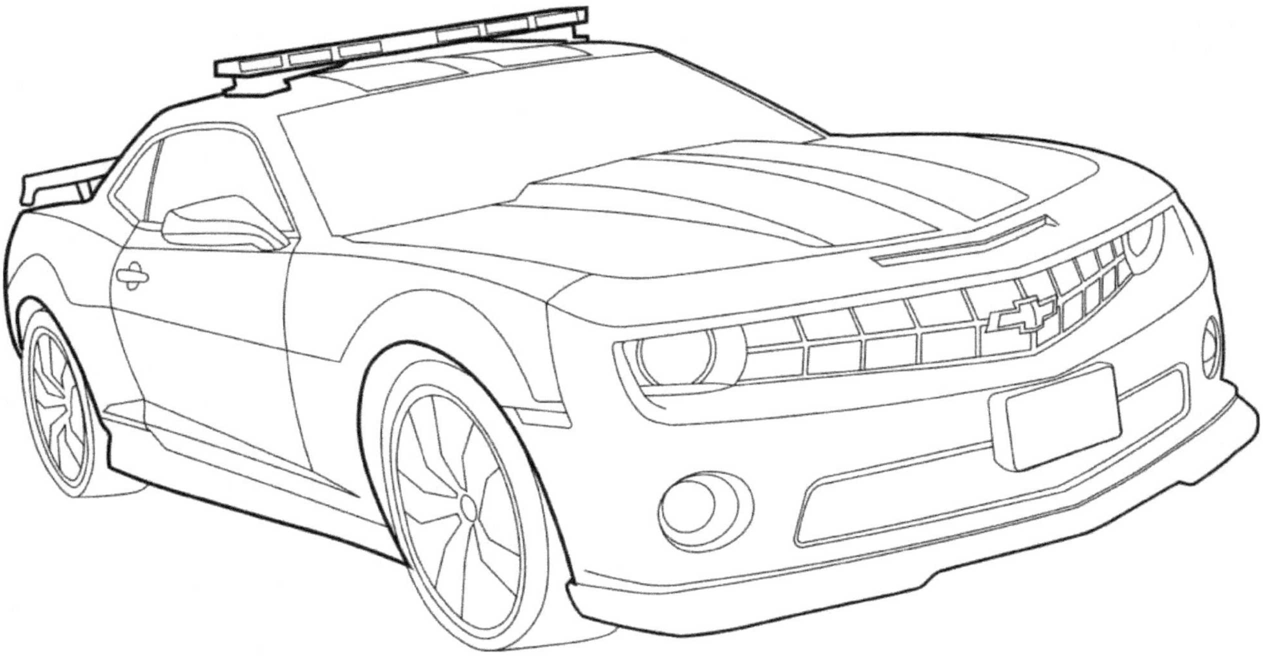

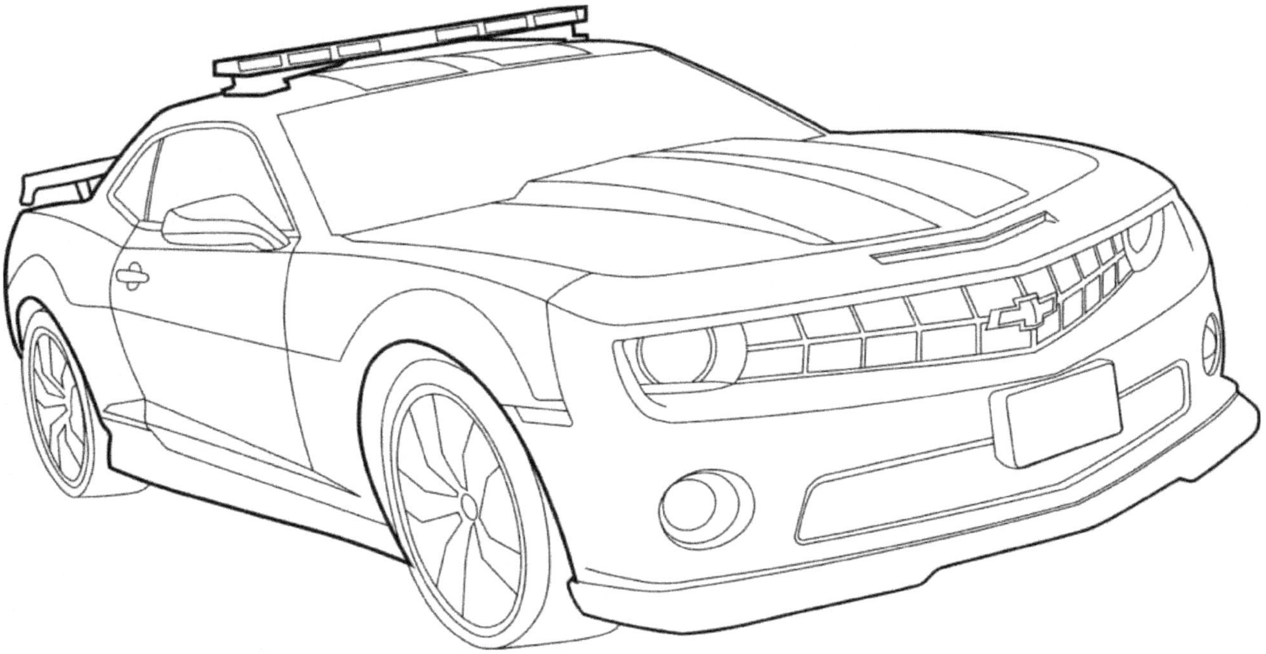

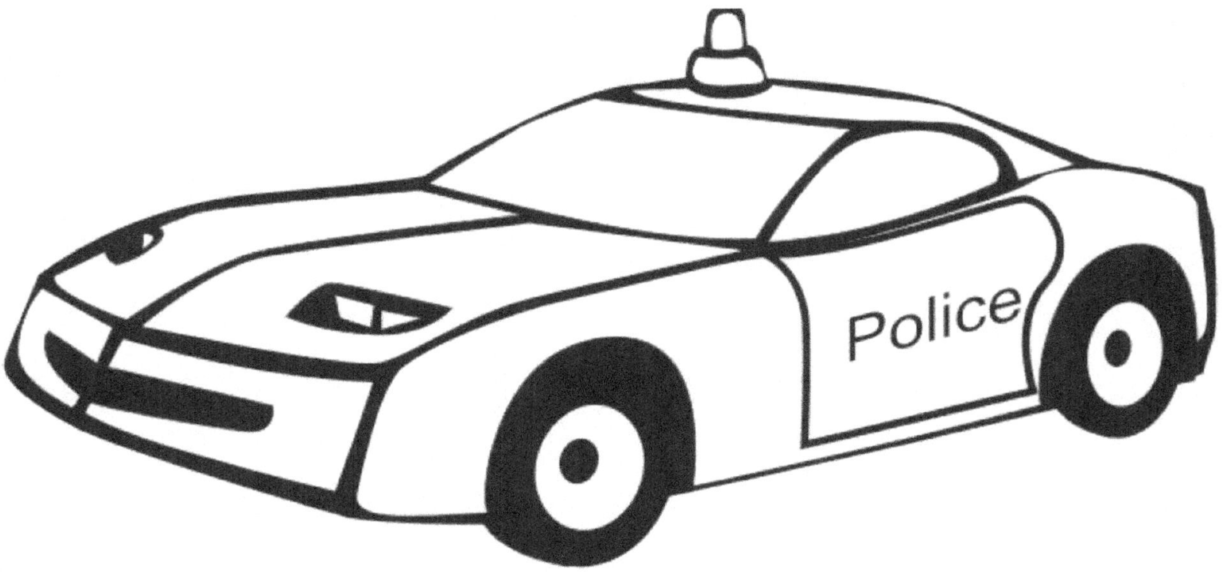
Police

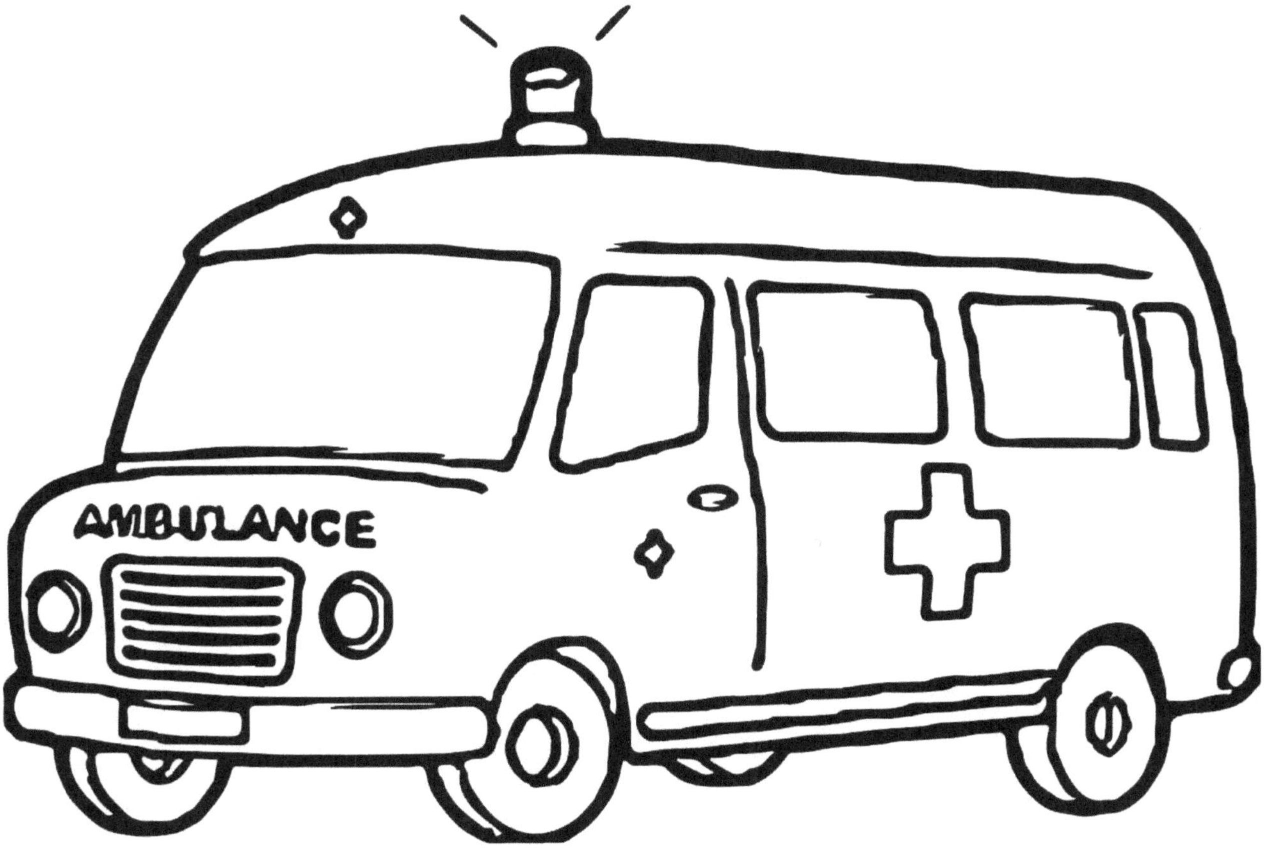
AMBULANCE

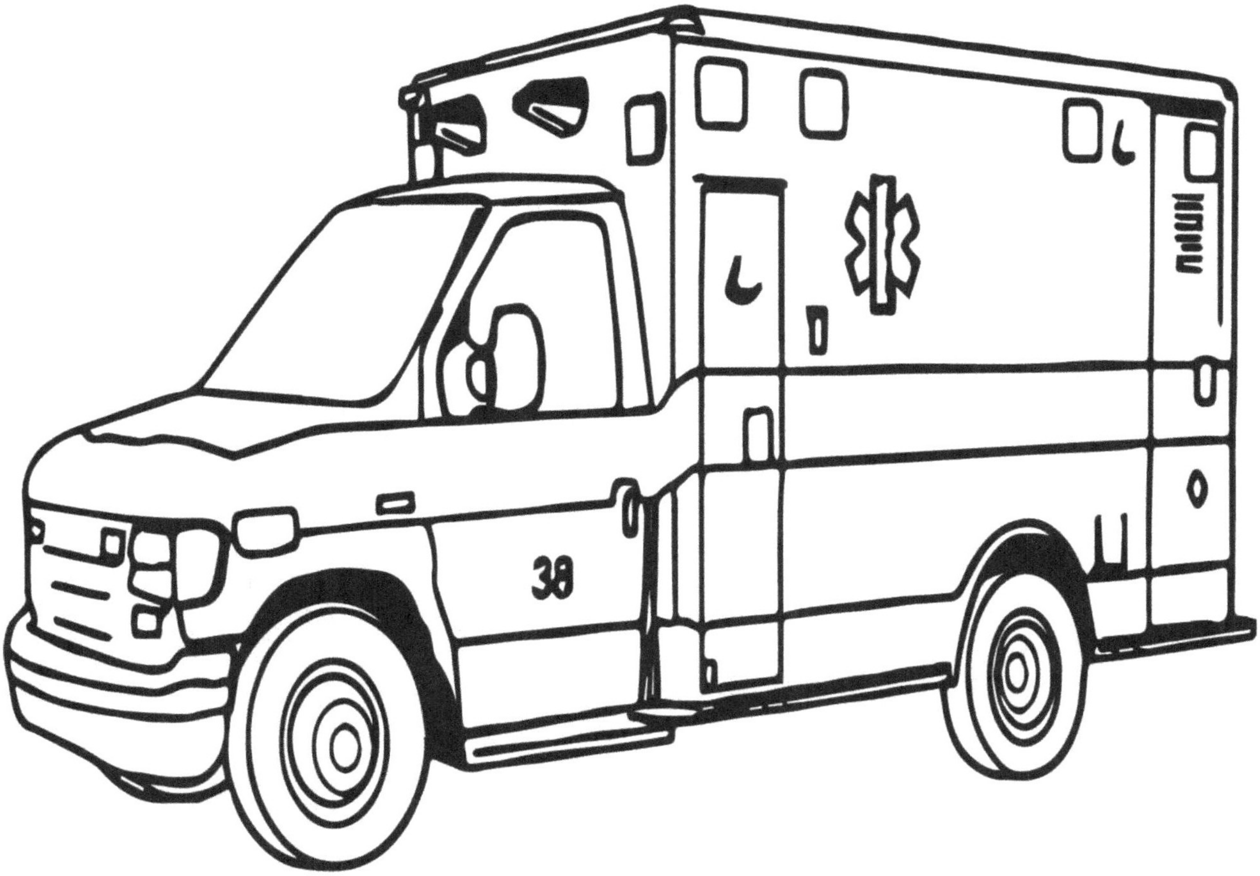
38

www.ingramcontent.com/pod-product-compliance
Lightning Source LLC
Chambersburg PA
CBHW081530220526
45467CB00010B/3114
* 9 7 9 8 7 0 0 1 0 6 5 3 5 *